Diethelm Bender (Hrsg.)

Neue Wege in der Arbeitswelt – Manpower als Humankapital

Diethelm Bender (Hrsg.)

Neue Wege in der Arbeitswelt – Manpower als Humankapital

Mit Beiträgen von Martin Bangemann, Diethelm Bender, Jon F. Chait, Reinhard Göhner, Winfried Haastert, Robert de la Haye, Peter Rauen, Dieter Schulte und Menno Smid

Wirtschaftsverlag Langen Müller/Herbig

Projektbetreuung: Raymond Homo, Rita Orgel
Gesamtkoordination: Moritz Hunzinger Public Relations GmbH, Frankfurt am Main
Gestaltung: Diehl Design GmbH, Frankfurt am Main
Satz: Fotosatz Völkl, Puchheim
Druck: Jos. C. Huber KG, Diessen
Binden: Großbuchbinderei Monheim
Printed in Germany ISBN 3-7844-7369-5

Inhaltsübersicht

Diethelm Bender

Einleitung: Warum ein Buch über Zeitarbeit?

Wer dieses Buch durch Zufall in die Hände bekommt, mag sich wundern: Ein ganzes Buch nur zum Thema Zeitarbeit? Gefüllt mit Fakten, Statistiken, juristischen Grundlagen und auch Kritik, die einzelnen Kapitel verfaßt von einem Forum hochkarätiger Experten? Da liegt doch der Verdacht der Betriebsblindheit nahe, zumal, wie auch manche interessierten „Laien" vielleicht wissen, weltweit nur ein Bruchteil der Beschäftigten ihren Lebensunterhalt bei Zeitarbeitfirmen verdienen. Warum also ein ganzes Buch zu diesem Thema?

Die Antwort ist einfach: Information tut not. Obwohl Zeitarbeit, oder Arbeitnehmerüberlassung, wie es im Fachjargon heißt, seit Jahren zu den weltweit stärksten Wachstumsbranchen gehört, haben viele Menschen immer noch ein eher verschwommenes Bild von dieser Beschäftigungsform. Zusätzlich zur reinen Beschreibung der gegenwärtigen Situation will dieses Buch jedoch auch dazu beitragen, Entwicklungen zu erkennen, die unser traditionelles Bild von der Arbeitswelt für immer verändern werden. Gerade Manpower hat in seiner Firmengeschichte immer wieder Maßstäbe gesetzt, etwa bei der konsequenten Orientierung an den Wünschen der Kunden oder bei der Aus- und Weiterbildung seiner Mitarbeiter. Und schließlich erscheint dieses Buch auch anläßlich des 50. Geburtstags des größten Personaldienstleisters der Welt.

Eine Geschichte voller Umwälzungen

Die Welt ändert sich, das gilt auch für die Arbeitswelt. Mehr noch: Gerade die Veränderungen in der vorherrschenden Wirtschaftsform bleiben selten ohne Auswirkungen auf die Gesellschaft. Oft genügt eine einzige gute Idee, um für radikale Umwälzungen zu sorgen. In ferner Vorzeit lebten unsere Ahnen als Jäger und Sammler. Als dann irgendwann vor etwa 10.000 Jahren jemand auf den Gedanken kam, einen Teil der wertvollen Samenkörner, von denen sich die Menschen ernährten, in den Boden zu stecken, war der Ackerbau geboren. Man kann sich gut vorstellen, wie am Anfang einige erfahrene Stammesmitglieder über diesen „Vorreiter" lächelten. Aber was so harmlos begann, führte in nur wenigen Generationen zum Entstehen der ersten Hochkulturen und Staatswesen.

Über Jahrtausende prägten daraufhin Bauern und kleine Handwerker das Bild der Gesellschaft. Die industrielle Revolution machte dem ein Ende. Wieder war es der technische Fortschritt, der die Welt veränderte. Massenproduktion machte Güter erschwinglich, die vorher einem privilegierten Personenkreis vorbehalten waren. Die Landbevölkerung strebte in die Städte, um in den Fabriken ihr Brot zu verdienen.

Warum dieser Ausflug in die Geschichte, wird sich mancher fragen. Soll hier etwa das Hohelied des Fortschritts gesungen werden, der uns alle selig macht? Was ist mit dem Preis des Fortschritts? Was mit der Tatsache, daß die Masse der Bevölkerung über Jahrtausende am Rande des Existenzminimums und nur zu oft darunter lebte, bedrängt von einer despotischen Oberschicht? Daß die Fabrikarbeiter zu Anfang des Industriezeitalters täglich zwölf bis 14 Stunden schuften mußten, ohne Tariflohn und Sozialversicherung? Und, vor allem, was hat das alles mit Zeitarbeit zu tun?

Wer zu spät kommt, den bestraft das Leben

Berechtigte Fragen, die beantwortet werden sollen. Der kurze Ausflug in die Geschichte zeigt eins: Veränderungen vollziehen sich plötzlich und ohne Rücksicht darauf, was die Menschen davon halten. Wer sich dagegen sträubt, ist in derselben Situation wie ein Mann, der eine Lawine mit den bloßen Händen aufhalten will: Er wird überrollt! Sehen wir uns doch einmal in der Welt von heute um. Die letzten Jäger- und Sammler-Kulturen führen ein Schattendasein. Die Länder, die allen Realitäten der modernen Welt zum Trotz auf Agrarproduktion setzen, kämpfen verzweifelt um die Durchsetzung von Weltmarktpreisen, die wenigstens die Produktionskosten decken. Wir Europäer zahlen sogar mehrfach für unsere Feldfrüchte, für ihre Produktion, die Einlagerung der Überproduktion und oft genug auch noch für ihre Vernichtung. Hätten weitsichtige Politiker die Zeichen der Zeit erkannt und rechtzeitig damit begonnen, den Strukturwandel in der Landwirtschaft einzuleiten, wie viele Milliarden hätte man einsparen können! Geld, das in der heutigen Situation dringend gebraucht wird.

Die Beispiele aus der Vergangenheit hätten uns warnen können. Der deutsche Duodezfürst, der sich vor rund 150 Jahren mit den Worten „Ich will nicht, daß jeder Bauerntölpel so schnell reisen kann wie ich!" gegen die Einführung der Eisenbahn wehrte, ist nur noch eine Fußnote in der Geschichte. Heute lächeln wir über ihn, wie wir über jene englischen Eisenbahngewerkschafter lächeln, die darauf bestanden, daß auch nach der Elektrifizierung des Schienennetzes weiterhin ein Heizer auf den neuen E-Loks mitfahren müsse, zur Sicherung der Arbeitsplätze. Diese kurzsichtige, nur an der Wahrung von Besitzständen orientierte Politik hatte jedoch weitreichende Folgen. Das in zahlreiche Kleinstaaten zersplitterte Deutschland war bis weit in die zweite Hälfte des 19. Jahrhunderts hinein das am wenigsten entwickelte Industrieland Mitteleuropas. In Großbritannien führte die starre Haltung der Gewerkschaften in den siebziger Jahren zur größten Wirtschaftskrise seit dem „schwarzen Freitag" von 1929. Es bedurfte eines langen und schmerzhaften Anpassungsprozesses, bis sich das ehemalige Empire davon erholte. Das bekannte

Gorbatschow-Wort „Wer zu spät kommt, den bestraft das Leben!" gilt auch und vor allem für die Veränderungen in der Arbeitswelt. Wer wird in 50 Jahren über unsere starre Haltung lächeln?

Eine neue industrielle Revolution?

Es ist nämlich wieder einmal soweit: Wir erleben einen dramatischen wirtschaftlichen Strukturwandel, vielleicht die größte Umwälzung seit der industriellen Revolution. Wieder kam der Wandel plötzlich, wieder waren wir nicht darauf vorbereitet. Wie immer in solchen Situationen zeigt sich, wer flexibel reagieren kann und wer nicht, wer als Gewinner aus der Phase der Veränderungen hervorgeht und wer wegen seiner starren Haltung auf der Strecke bleibt. Im Moment sieht es für uns schlecht aus. Es ist noch keine 20 Jahre her, da beschworen die Sozialwissenschaftler für die späten neunziger Jahre ein düsteres Bild herauf: Durch die stetig sinkenden Geburtenzahlen käme es Ende der neunziger Jahre in Deutschland zu einem Arbeitskräftemangel. Wie sehr sie sich irrten, beweisen 5 Millionen Arbeitslose. Aber wir wollen den klugen Köpfen vom Statistischen Bundesamt keine Vorwürfe machen. Wer hätte denn auch ahnen können, welche atemberaubende Entwicklung beispielsweise auf dem Computersektor eintrat? Computer, so meinte man vor wenigen Jahren, seien wegen ihrer immensen Preise höchstens für die Großindustrie interessant. Weil jedoch die mikrochipgesteuerte Produktion inzwischen überall Einzug hielt, brauchen moderne Fabriken immer weniger Arbeiter.

Dazu kommt als weitere Entwicklung die zunehmende Globalisierung der Wirtschaft. Wer die Welt und vor allem Europa heute realistisch und nicht durch die rosarote Brille des Romantikers betrachtet, sieht zweierlei. Einerseits die Staaten mit ihren eifersüchtig gehüteten Eigeninteressen, andererseits eine europäische Bürokratie, die sich mit dem Problem herumschlägt, es allen recht machen zu müssen. Dem gegenüber stehen Wirtschaftsunternehmen, für die die Welt schon längst zum Dorf geworden ist. Wir brauchen eine neue Fabrik, heißt es dort? Mal sehen, wo finden wir die besten Bedingungen? Wo müssen wir uns mit den wenigsten Vorschriften herumschlagen, wo sind die Genehmigungsverfahren am kürzesten, wo befinden sich die Märkte für unsere Produkte, wo sind die Arbeitskosten niedrig und ist das Personal trotzdem gut ausgebildet? Für die Arbeitnehmer bleibt dies nicht ohne Folgen. Wenn wir in Europa und speziell in Deutschland dem Verlust an Arbeitsplätzen entgegenwirken wollen, müssen wir umdenken. Bei den Kosten werden wir nicht mithalten können, denn machen wir uns nichts vor, auch die neuerdings in der Diskussion stehenden Niedrigtarife für Langzeitarbeitslose sind noch um ein Mehrfaches höher als die Löhne in anderen Teilen der Welt. Wir müssen mit anderen Pfunden wuchern. Weniger Bürokratie, weniger Regelungswut, flexiblere Gesetzgebung heißt das Gebot der Stunde. Und vor allem: qualifizierte, motivierte und flexible Mitarbeiter, die bereit sind, die Veränderungen der Arbeitswelt mitzugestalten.

Die „Ware Arbeitskraft" – kein böses Wort

Dies muß nicht, wie manche Kritiker befürchten, mit einer Entrechtung oder gar Ausbeutung der Arbeitnehmer einhergehen. Im Gegenteil, gerade das vielgeschmähte Wort von der „Ware Arbeitskraft" sagt aus, wo die Chancen für den Arbeitnehmer liegen: durch hohe Qualifikation und Flexibilität seine Arbeitskraft als die einzige „Ware", die er hat, so teuer wie möglich zu verkaufen. Dazu gehört es auch, nie auf dem einmal erreichten Entwicklungsstand stehenzubleiben, sondern sich permanent neue Kenntnisse anzueignen. Bei jeder der periodisch immer wieder auftretenden Wirtschaftskrisen waren es zuerst die ungelernten Arbeiter, die als erste die Konjunkturprobleme zu spüren bekamen. Fachkräfte dagegen blieben oft selbst dann gesucht, wenn die Arbeitslosenzahlen auf Rekordniveau kletterten. „Der Mensch lernt, solange er lebt", lautet ein Sprichwort, und nirgends trifft es mehr zu als im Berufsleben. Noch einmal: Wer hätte noch vor

20 Jahren vorausgesehen, welche überragende Rolle der Computer in der heutigen Arbeitswelt spielt? Und wer würde sich heute dazu versteigen, Prognosen für die Welt in weiteren 20 Jahren abzugeben? Das Beispiel Zeitarbeit steht stellvertretend für die immensen Auswirkungen, die eine einzige Idee auslösen kann.

Eine gute Idee feiert Geburtstag

Daß Elmar L. Winter und Aaron Scheinfeld im Jahre 1947 die Firma Manpower gründeten, hatte einen einfachen Grund: In der Kanzlei der beiden Rechtsanwälte kam es immer wieder zu personellen Engpässen, wenn etwa eine Schreibkraft plötzlich erkrankte oder unvorhergesehene Aufträge zu kurzfristig erhöhtem Arbeitsanfall führten. Um aber jemanden dauerhaft einzustellen, reichten diese Gelegenheiten nicht aus. Die beiden Juristen überlegten sich nun folgendes: Da wir mit Sicherheit nicht die einzigen sind, denen es so geht, müßte es eigentlich eine Firma geben, die anderen Unternehmen bei Bedarf qualifizierte Arbeitskräfte für einen beschränkten Zeitraum zur Verfügung stellt. Und weil es so etwas nicht gibt, müssen wir eben damit anfangen! Wie sich zeigte, war dies eine gute Idee. Heute, nach genau 50 Jahren, ist die Firma Manpower mit rund 1,5 Millionen Beschäftigungsverhältnissen einer der größten privaten Arbeitgeber der Welt. Aus dem einen Büro in Milwaukee wurden 2.400 in 43 Ländern. Zu den Manpower-Kunden gehören 96 Prozent der 500 umsatzstärksten amerikanischen Firmen. Seit 1965 ist das Unternehmen auch in Deutschland vertreten. Die deutsche Tochter Manpower Planen + Leisten GmbH beschäftigte im vergangenen Jahr insgesamt 13.000 Mitarbeiter für gewerbliche und kaufmännische Aufgaben. Trotz dieser langen Präsenz bestehen gerade in Deutschland noch viele Unklarheiten über die Tätigkeit von Zeitarbeitfirmen.

Zeitarbeit und Teilzeitarbeit – zwei verschiedene Modelle

Schon bei der Begriffsdefinition geraten viele in Schwierigkeiten und verwechseln „Zeitarbeit" mit „Teilzeitarbeit" oder einem „befristeten Arbeitsverhältnis". Trotz mancher Überschneidungen gibt es jedoch wesentliche Unterschiede zwischen diesen Beschäftigungsformen. Die Teilzeitarbeitskraft steht in einem unbefristeten Arbeitsverhältnis mit einem Unternehmen, arbeitet aber nur einen vorher vereinbarten Teil der tariflichen Arbeitszeit, zum Beispiel 20 Stunden pro Woche. Beim befristeten Arbeitsverhältnis wird bei Abschluß des Arbeitsvertrags auch die Dauer der Beschäftigung geregelt, üblich sind sechs Monate oder ein Jahr. Die Zeitarbeitskraft dagegen steht in einem in der Regel unbefristeten Arbeitsverhältnis mit einem Zeitarbeitunternehmen. Dieses „verleiht" den Arbeitnehmer an Firmen, die einen zeitlich begrenzten Bedarf an Arbeitskräften haben. Ist diese Tätigkeit beendet, wechselt die Zeitarbeitskraft zu einem anderen Kunden seines Arbeitgebers. Falls gerade kein Bedarf besteht, erhält die Zeitarbeitskraft weiterhin ihren Lohn. Der fundamentale Unterschied zu anderen Beschäftigungsformen besteht also darin, daß die Zeitarbeitskraft nicht direkt von der Firma bezahlt wird, in der sie arbeitet, sondern von dem Zeitarbeitunternehmen, das seine Arbeitnehmer anderen Firmen zeitweise überläßt. So weit die „reine Lehre". Daß es natürlich auch Mischformen wie Teilzeitkräfte mit befristeten Arbeitsverhältnissen oder gar die zungenbrecherische „teilzeitarbeitende Zeitarbeitskraft" gibt, sei nur am Rande erwähnt. Schließlich will dieses Buch informieren und nicht verwirren.

Für den Arbeitnehmer hat die Tätigkeit für eine Zeitarbeitfirma viele Vorteile. Zunächst, und das ist vielleicht das wichtigste, hat er Arbeit. Er genießt dabei die Sicherheit eines unbefristeten Arbeitsverhältnisses mit allen sozialen Leistungen anstelle der oft quälenden Ungewißheit, ob das befristete Arbeitsverhältnis verlängert oder gar in ein unbefristetes Arbeitsverhältnis umgewandelt wird. Gerade für Arbeitslose ist die Zeitarbeit daher ein guter Wiedereinstieg ins Berufsleben. Auf der anderen Seite können Unternehmen durch Inanspruchnahme eines Personaldienstleisters nicht nur kurzfristigen Personalengpässen begegnen, etwa durch Schwangerschaft, Krankheit oder unvorhergesehene Großaufträge, sondern auch ohne großen Aufwand potentielle neue Mitarbeiter testen. Immerhin rund 30 Prozent der eingesetzten Zeitarbeitskräfte finden so im Laufe ihrer Tätigkeit einen neuen Arbeitsplatz, eine nicht zu unterschätzende Entlastung des Arbeitsmarktes.

Zeitarbeit – ein Weg zur Vollbeschäftigung?

Obwohl die in den vorigen Abschnitten genannten Zahlen sicher beeindruckend sind und es inzwischen auch eine Vielzahl von Zeitarbeitfirmen gibt, sollte man doch eins nicht übersehen: Nach wie vor macht die Zahl der „Zeitarbeiter" nur einen Bruchteil der Beschäftigten aus. Selbst in den Niederlanden, dem Land mit der weltweit höchsten Quote von Zeitarbeitskräften, beträgt ihr Anteil nur 3 Prozent. In den USA sind 1,8 Prozent der abhängig Beschäftigten Angestellte von Zeitarbeitfirmen, in Großbritannien 1,4 Prozent, in Deutschland dagegen nur 0,6 Prozent.

Diese Zahlen sollten wir immer im Hinterkopf behalten, wenn wir die Rolle der Zeitarbeit im Kampf gegen die weltweit grassierende Arbeitslosigkeit betrachten. Zeitarbeit allein ist nicht der Weg zur Vollbeschäftigung. Sie kann jedoch auf verschiedene Weise zur Schaffung von Rahmenbedingungen beitragen, in denen neue Arbeitsplätze entstehen, und dazu selbst – wenn auch in begrenztem Maße – neue Arbeitsplätze schaffen.

Flexibilität schafft Arbeitsplätze

Es ist sicher kein Zufall, daß gerade in den Niederlanden, den USA und Großbritannien, den „klassischen" Industrieländern mit dem höchsten Zeitarbeitanteil, auch die meisten Firmenansiedlungen und die höchsten Investitionen zu verzeichnen sind. In einer Zeit, in der Flexibilität entscheidend zum Unternehmenserfolg beiträgt, sorgen Zeitarbeitfirmen mit ihrem Pool von gutausgebildetem Personal für ein gutes Investitionsklima. Sie bieten den Unternehmen die Gewähr, auch bei kurzfristigen Personalengpässen ihre Verpflichtungen zu erfüllen, ohne durch einen dauerhaft erhöhten Personalstand ihre Wettbewerbsfähigkeit zu gefährden.

Aber auch die Zeitarbeit selbst schafft neue Arbeitsplätze. Erinnern wir uns: Winter und Scheinfeld wollten mit der Gründung von Manpower kurzfristigen und befristeten Bedarf an Arbeitskraft befriedigen, bei dem sich Neueinstellungen nicht rechnen. Die Alternative zur Zeitarbeit lautet also nicht zusätzliche Dauerarbeitsplätze, sondern Überstunden der bereits vorhandenen Belegschaft oder allenfalls auf kurze Zeit befristete Arbeitsverträge. Es kann jedoch nicht sozial verträglich und human sein, wenn eine sinkende Zahl von Arbeitnehmern immer mehr arbeitet, während ein ständig wachsendes Heer von Menschen entweder ganz aus dem Berufsleben herausfällt oder sich mit den seelischen Belastungen einer ungesicherten, weil befristeten beruflichen Existenz auseinandersetzen muß.

Damit wir uns recht verstehen: Niemand soll daran gehindert werden, aus freien Stücken mehr zu arbeiten und sich entweder mit den verdienten Zuschlägen Wünsche zu erfüllen oder sich durch Freizeitausgleich etwa einen längeren Urlaub zu gönnen. Alles, was unsere Unternehmen flexibler macht, hilft ihnen auch im Wettbewerb. Aber, seien wir ehrlich, was bleibt denn beispielsweise dem Arbeitnehmer von den großzügigen Zuschlägen für Mehrarbeit? Verbringen wir nicht einen immer größeren Teil unserer Arbeitszeit damit, die immer höheren Steuer- und Abgabenlasten zu erwirtschaften? Sorgt nicht die hohe Arbeitslosigkeit dafür, daß die Beiträge zu Kranken-, Arbeitslosen- und Rentenversicherung in immer neue Höhen getrieben werden? Werden nicht gerade dadurch auch die Arbeitskosten für die Unternehmen immer höher? Hier bietet Zeitarbeit eine echte Alternative. Durch das Vermeiden von Überstunden entstehen neue Arbeitsplätze, es gibt mehr Beitragszahler für die Sozialversicherungen, die Last wird auf mehr Schultern verteilt und für den einzelnen, auch die Unternehmen, leichter zu tragen. Und schließlich ermöglicht Zeitarbeit vielen ansonsten Arbeitslosen ein Leben in Würde und Eigenverantwortung.

„Problemgruppen" profitieren von Zeitarbeit

Zudem leistet die Zeitarbeit einen wichtigen Beitrag bei der Reintegration sogenannter „Problemgruppen" in das Arbeitsleben. Nach Ansicht vieler Personalverantwortlicher scheint zum Beispiel das Erreichen des 45. Lebensjahrs für einen Arbeitnehmer geradezu eine Katastrophe zu sein. Schlagartig lassen Leistungsfähigkeit, Flexibilität und Gesundheit nach, und verliert ein älterer Arbeitnehmer aus welchen Gründen auch immer seine Stelle, wird er zum „Schwervermittelbaren". Ihm bleibt nur die Hoffnung auf das Erreichen des Pensionsalters, um dann plötzlich als „junger Alter" quasi wiedergeboren zu werden. Aber ob er sich das nach mehreren Jahren Arbeitslosigkeit noch leisten kann?

Mit ähnlichen Schwierigkeiten haben Frauen, vor allem Mütter, zu kämpfen. Die Unternehmen geben es ungern zu, aber Frauen mit kleinen Kindern haben auf dem Arbeitsmarkt, zumal in Zeiten hoher Arbeitslosigkeit, schlechte Chancen. Oft führen die Unternehmen durchaus nachvollziehbare Gründe dafür ins Feld, daß sie Frauen und ältere Arbeitnehmer nur selten einstellen. Hohe Kosten bei der betriebsinternen Ausbildung zum Beispiel, die verloren sind, falls eine Arbeitnehmerin schwanger wird und sich für zwei Jahre in den Mutterschaftsurlaub verabschiedet. Oder die oft vermutete mangelnde Flexibilität von Müttern und älteren Arbeitnehmern, wenn es um die Bereitschaft zu Überstunden geht. Und schließlich stehen nicht selten sogar eigentlich gutgemeinte gesetzliche Regelungen, etwa zum Kündigungsschutz, einer Einstellung im Wege. Was letztlich zu einer paradoxen Situation führt: Wir schützen in Deutschland unsere Arbeitnehmer so gut, bis sie schließlich überhaupt keine Arbeit mehr kriegen. Schwangere Frauen etwa genießen in Deutschland einen weltweit einmaligen Kündigungsschutz. Gerade dieser Umstand verhindert jedoch oft, daß Frauen überhaupt eingestellt werden. Ein Beispiel dafür, wie die Regelungswut der Deutschen eine wohlgemeinte Absicht ins Gegenteil verkehren kann.

Zeitarbeit öffnet Türen

Wie kann nun die Zeitarbeit hier helfend eingreifen? Ganz einfach: Wer die Dienste einer Zeitarbeitfirma in Anspruch nimmt, möchte vor allem eins: Kompetenz und Hilfe bei der Lösung der anstehenden Probleme. Ob diese Hilfe nun von einem Mann oder einer Frau kommt, ob die Zeitarbeitskraft 25 oder 55 Jahre alt ist, interessiert das entleihende Unternehmen nur am Rande. Hier liegt nun die Chance für diejenigen Mitarbeiter, die in der Zeitarbeit eine Möglichkeit zum Wiedereinstieg ins „herkömmliche" Berufsleben sehen. Jeden Tag können sie aufs neue ihre Kompetenz beweisen. Und oft beginnt bei den Verantwortlichen der entleihenden Firma ein Umdenkungsprozeß. Sie lernen die neue Mitarbeiterin als kompetente Kraft schätzen. Sie erinnern sich daran, daß ein heute Fünfzigjähriger in der Regel noch mindestens zehn Jahre bei guter Gesundheit arbeiten kann. Oder, um es unverblümt auszusprechen, sie denken an ihr eigenes Geburtsdatum und fragen sich, was sie wohl in der gleichen Situation machen würden. Am Ende steht dann häufig selbst für diejenigen Mitarbeiter die Übernahme in ein unbefristetes Arbeitsverhältnis, die sonst wegen ihres Alters oder ihres Geschlechts vielleicht nicht einmal zum Bewerbungsgespräch eingeladen worden wären.

Wer arbeitet bei Zeitarbeitfirmen?

„Weil ich sonst arbeitslos wäre", lautete denn auch die meistgenannte Antwort der Mitarbeiter von Zeitarbeitfirmen auf die Frage, warum sie diese Form der Beschäftigung gewählt hatten. Eine 1995 vom Bonner

Institut für Wirtschaft und Gesellschaft unter Zeitarbeitnehmern durchgeführte Umfrage brachte weitere interessante Ergebnisse. Neben der Beendigung oder Vermeidung von Beschäftigungslosigkeit, immerhin für 57 Prozent der Befragten ein Grund für Zeitarbeit, stand für jeweils die Hälfte das Knüpfen von Kontakten zu anderen Firmen bzw. die Weiterbildung durch verschiedene Tätigkeiten im Vordergrund. Ein gutes Drittel dagegen wußte vor allem die Abwechslung, die wechselnden Schauplätze und die neuen Bekannten an der Zeitarbeit zu schätzen. Was beweist, daß vor allem bei jüngeren Mitarbeitern dieses Berufsmodell dem eigenen Wunsch nach einem flexiblen und abwechslungsreichen Arbeitsleben entspricht.

Gerade in diesem Punkt stellen auch die entleihenden Firmen ihren kurzfristigen Mitarbeitern ein hervorragendes Zeugnis aus. In einer im März 1997 von der „infas Sozialforschung“ unter 500 Personalverantwortlichen durchgeführten repräsentativen Umfrage bezeichneten jeweils rund 80 Prozent der Befragten das vermittelte Personal als kompetent, zuverlässig, flexibel und anpassungsfähig. Gut zwei Drittel der Unternehmen waren mit der Belastbarkeit und Freundlichkeit der Zeitarbeitskräfte zufrieden. Eine solch außergewöhnliche Beurteilung setzt natürlich bei den Mitarbeitern entsprechende Fähigkeiten und Qualifikationen voraus. Die ausführliche Vorstellung und Wertung der „infas“-Studie findet sich in diesem

Band im Beitrag von „infas"-Geschäftsführer Menno Smid. Schon die nackten Zahlen beweisen, wie substanzlos ein altes Vorurteil gegen die Zeitarbeit ist.

Zeitarbeit ist keine Niedriglohnarbeit

Das vielleicht hartnäckigste Stereotyp, das sich in den Köpfen der Zeitarbeitgegner festgesetzt hat, ist jenes von der mit einem Niedriglohn abgespeisten Aushilfe, die im Supermarkt Zuckerpakete in die Regale räumt. Nun ist dies sicher eine notwendige und wichtige Tätigkeit, fällt aber zumeist ins große Feld der Teilzeitarbeit. Die Realität in Zeitarbeitfirmen sieht anders aus. Wie die IWG-Studie beweist, sind deren Mitarbeiter beruflich überdurchschnittlich qualifiziert. Nur jeder zehnte von ihnen hat keinen Beruf erlernt. Immerhin doppelt so viele können einen Meisterbrief oder einen Hochschul- oder Fachhochschulabschluß vorweisen. Der große Rest, fast 70 Prozent, verfügt über eine abgeschlossene Berufsausbildung, bei Männern meist zum Facharbeiter oder Handwerker, bei Frauen dominieren die kaufmännischen Berufe. Durch intensive Schulung und Fortbildung tun viele Zeitarbeitfirmen zusätzlich alles, um ihre Mitarbeiter immer auf dem Stand der Zeit zu halten.

Diese Fakten machen deutlich, daß das Bild von der „Niedriglohnarbeitskraft" nicht zu halten ist. Daß es trotzdem in den Ausführungen von Zeitarbeitkritikern immer wieder auftaucht, liegt am meist unter dem Tariflohn liegenden Stundenentgelt für Zeitarbeitskräfte. Dabei werden jedoch einige entscheidende Punkte oft übersehen. Sind bei einer festangestellten Schreibkraft Überstunden oft schon mit dem Gehalt abgegolten, streicht ihre Kollegin von der Zeitarbeitfirma die Vergütung für Mehrarbeit samt aller Zuschläge ein. Dazu kommen steuerliche Vorteile, etwa beim Absetzen von Fahrten und Tagesspesen. Unter dem Strich bleibt von der angeblich „miserablen" Bezahlung der Zeitarbeitskräfte nur ein allenfalls geringfügig niedrigerer Nettolohn übrig. Betrachtet man gar die zur Bekämpfung der Arbeitslosigkeit gemachten Vorschläge, wie beispielsweise niedrigerer Einstiegslohn für Langzeitarbeitslose, dann wird endgültig deutlich, wie schief die Vorstellung von Zeitarbeit als Billigarbeit ist.

Lösungen von heute für die Welt von heute

In Deutschland verdienen heute rund 400.000 Menschen (davon etwa 170.000 dauerhaft) ihren Lebensunterhalt bei Zeitarbeitfirmen. Wie sie selbst sagen, wären rund 260.000 davon ansonsten ohne Beschäftigung. Angesichts von rund 5 Millionen Arbeitslosen mag dies vielen wie ein Tropfen auf den heißen Stein vorkommen. Andererseits belegen die hohen Wachstumsraten bei der Zeitarbeit, daß es auch heute noch möglich ist, Arbeitsplätze zu schaffen, wenn die Rahmenbedingungen stimmen.

Dies geht aber nur, wenn die Verantwortlichen tatkräftig an der Umgestaltung dieser Rahmenbedingungen mitarbeiten. Nicht strenge Reglementierung und Wahrung von Besitzständen lautet das Gebot der Zeit, sondern Flexibilität gegenüber den Anforderungen einer sich immer schneller wandelnden Arbeitswelt. Aber momentan verlegt man sich lieber auf das Formulieren vollmundiger Ziele wie der Halbierung der Arbeitslosenzahl bis zum Jahr 2000. Wer auf den Kalender schaut, kann nur sagen: Viel Glück. Vielleicht meinen die Herren in Bonn, man müsse das Unmögliche wollen, um das Mögliche zu erreichen. Aber heißt es nicht auch, wer immer das Unmögliche will, verliert das Mögliche aus den Augen?

Beim Betrachten der Konzepte zur Bewältigung der gegenwärtigen Krise fühlt sich der Außenstehende jedenfalls an den Heizer auf der E-Lok erinnert. Neben der subventionierten Landwirtschaft leisten wir uns mit dem Bergbau und der Werftindustrie seit Jahren weitere Steckenpferde in Form nicht mehr zeitgemäßer Industrien. Weil man sich nicht rechtzeitig zum unpopulären Strukturwandel entschloß, flossen Milliarden in diese Bereiche. Es wäre weitaus billiger gewesen und gesamtgesellschaftlich verträglicher, die

Bremer Werftarbeiter und die Kumpel von Ruhr und Saar mit vollem Lohn in Urlaub zu schicken. Bei den Landwirten hat man jetzt endlich die Zeichen der Zeit erkannt und bezahlt sie teilweise eben nicht mehr für das Produzieren immer weiterer Überschüsse, sondern für das Stillegen von Flächen.

Um eventuelle Einwände gleich vorwegzunehmen: Natürlich will niemand bestreiten, daß Deutschland Industrie- und Produktionsbetriebe braucht. Aber es kann nicht angehen, daß ganze Branchen sozusagen von der öffentlichen Hand in den Mund leben. Erkennt eigentlich niemand, wie paradox es ist, wenn uns ein Arbeitnehmer in seiner harten Acht-Stunden-Schicht mehr öffentliche Gelder kostet als beispielsweise ein Kindergartenplatz? In den unrentablen Industriezweigen haben weitsichtige Menschen zwar schon vor Jahren prophezeit, daß die Finanzierung dieser heiligen Kühe auf tönernen Füßen steht, vor dem Schlachten schreckte die Politik jedoch zurück. Deutschland sollte ja unter anderem eben auch Bergbauland bleiben. Man fragt sich eins: Glauben eigentlich diese Politiker daran, daß sich die deutsche Steinkohle in Luft auflöst, wenn man sie nicht mehr fördert? Wäre es nicht auch ein Zeichen von Flexibilität, wenn man sagte, je nachdem, wie sich die Bedingungen auf dem Weltmarkt entwickeln, kehren wir vielleicht in einigen Jahren zur Kohleförderung zurück? Aber gerade an dieser Flexibilität mangelt es uns noch.

Denn selbst Experten irren sich, wenn sie davon sprechen, daß nach dem Zeitalter der Industrie nun jenes der Dienstleistung heranbricht. Das Dienstleistungszeitalter steht nicht etwa vor der Tür, es ist längst da! Wir haben es nur noch nicht gemerkt. Den Beleg dafür liefern die vom amerikanischen Manpower-Vizepräsidenten Jon F. Chait in seinem Beitrag zitierten Zahlen aus den USA. Von 1987 bis 1997 sank in den Vereinigten Staaten die Zahl der Arbeitsplätze in der Produktion von 19 Millionen auf 18,3 Millionen. Dagegen verzeichnete die Dienstleistungsbranche einen Zuwachs von 10 Millionen Arbeitsplätzen, von 24,1 Millionen auf 34 Millionen, mit steigender Tendenz.

Eine Chance für die junge Generation

Eine dramatische Umwälzung innerhalb nur einer Dekade. Und gleichzeitig eine großartige Erfolgsmeldung, denn unter dem Strich stehen fast 10 Millionen zusätzliche Arbeitsplätze. Welche vielleicht noch einschneidenderen Veränderungen wird die Zukunft bringen? Niemand kann es vorhersagen. Aber eins ist sicher: Wer heute ins Berufsleben einsteigt, darf nicht mehr damit rechnen, nach 40 Jahren in derselben Firma mit einer vom Chef überreichten goldenen Uhr in den wohlverdienten Ruhestand zu gehen. Manche mögen dies bedauern. Viele junge Menschen begreifen diesen tiefgreifenden Wandel jedoch als Chance. Eine

Chance zu lernen, neugierig zu bleiben, sich auch im Beruf als Mensch weiterzuentwickeln. Wir Älteren sollten ihnen dabei helfen. Wie wäre es zum Beispiel mit der Gründung einer neuen Gewerkschaft für die Zeitarbeitskräfte, also einer Dienstleistungsgewerkschaft, mit wenigen Regularien und Paragraphen, aber dem Ziel, einen Fonds zur Schaffung von Arbeitsplätzen einzurichten?

Arbeitsplätze, die dann eben auch im ständig wachsenden Dienstleistungsbereich entstehen, die vielleicht gerade dadurch sicherer sind als jene in der Produktion. Autos, Computer und Fernseher können die Unternehmen überall auf der Welt produzieren, und sie werden es im Zweifel dort tun, wo es am billigsten ist. Dienstleistungen müssen vor Ort erbracht werden. Ein Reisebüro kann seine Kunden nicht zum Buchen des Urlaubs nach Schanghai schicken, weil dort die Angestellten niedrigere Löhne verlangen. Die großen deutschen Produktionsunternehmen sind schon längst dort.

Aber noch gibt es Widerstände gegen diese neue Sicht der Dinge, gegen das Abwenden von der Produktion, dort, wo sie unrentabel geworden ist, und das Setzen auf den Dienstleistungssektor, gegen neue, flexible Beschäftigungsformen. Wenn man fragt, was eigentlich daran falsch ist, wenn ein Unternehmen, etwa in der Hoffnung auf das Gewinnen neuer Kunden, Zeitarbeitmitarbeiter verpflichtet und, falls die Hoffnungen sich zerschlagen, die Verträge nicht mehr verlängert, erhält man meist keine Antwort. Ist es besser, wenn das Unternehmen feste Mitarbeiter einstellt und dann wieder entläßt? Oder vielleicht gar ein neues Opfer der Pleitenwelle wird? Es gibt, ich will das nicht bestreiten oder gar ins Lächerliche ziehen, eine diffuse Angst bei vielen Menschen, Angst vor einer ungewissen Zukunft, gepaart mit der Sehnsucht nach den stabilen Verhältnissen von gestern. Doch wer glaubt, man müsse sich nur ducken und lange genug abwarten, dann käme die gute alte Zeit zurück, der irrt sich.

Die Probleme sind lösbar

Die Probleme, denen wir uns stellen müssen, sind vielfältig. Trotzdem sehe ich der Zukunft optimistisch entgegen. Schließlich hat die Menschheit in ihrer Geschichte weit größere Probleme gelöst. Selbst in jüngster Vergangenheit, in diesem bald zu Ende gehenden 20. Jahrhundert, erlebte Europa zwei Weltkriege, eine beispiellose Inflation, die Weltwirtschaftskrise am Anfang der dreißiger Jahre sowie eine Fülle regional begrenzter Krisen. Wer heute die Probleme der Gegenwart beklagt und Angst vor der Zukunft hat, sollte die Augen nicht vor den oft noch größeren Problemen der Vergangenheit verschließen.

Aber ob klein oder groß, es sind nun einmal unsere Probleme, und sie zu lösen wird uns niemand abnehmen. Wir müssen es schaffen, die vorhandene Arbeit gerechter zu verteilen, flexibler zu werden. Denn auch das sollte man sich vor Augen halten: Das Wirtschaftswunder war auch und vor allem dadurch möglich, daß die Zerstörungen des letzten Weltkriegs so groß waren. Wir waren unvermittelt und ungewollt in der gleichen Situation wie unsere Vorfahren am Beginn der industriellen Revolution: Alles mußte neu aufgebaut werden. Viele Bauherren wissen aus leidvoller Erfahrung, daß der Umbau eines Hauses oft mehr Mühe und Kosten erfordert als ein Neubau. Ähnlich ist die Situation heute. Wir müssen umbauen, was veraltet ist, und erhalten, was zu erhalten sich lohnt.

Natürlich wird der Umbau unserer Industriegesellschaft nicht ohne Härten ablaufen. Es liegt an uns, diese Härten zu mildern. Dabei sind nicht nur die Arbeitnehmer, sondern auch die Unternehmen gefragt. Wer Flexibilität einfordert, muß auch selbst zum flexiblen Handeln bereit sein. Ein größeres Angebot von Teilzeitarbeitsplätzen für Frauen, Job-Sharing, neue Arbeitszeitmodelle mit Freizeitausgleich sowie ein verstärkter Einsatz von Zeitarbeitskräften sind nur einige Möglichkeiten, mit denen sich die Unternehmen fit für die Anforderungen der Zukunft machen können.

Wie bereits gesagt: Niemand kann vorhersagen, was die Zukunft bringt. Aber gerade darin liegt doch auch der Reiz des Lebens. Und wenn dieses Buch dazu beitragen kann, daß einige Menschen die Angst vor einer ungewissen Zukunft verlieren und statt dessen optimistisch nach vorn blicken, dann hat es seinen Zweck erfüllt.

Robert de la Haye

Gesetzliche Rahmenbedingungen in Deutschland und der EU: Auswirkungen auf die Zeitarbeit

Die Zeitarbeit unterliegt in den meisten Staaten der Europäischen Union (EU) besonderen Regelungen. Diese haben jedoch nur einen begrenzten Einfluß auf den Umfang dieser Form von Beschäftigungsverhältnissen. Wichtiger sind der Entwicklungsstand der Volkswirtschaft, die konjunkturelle Lage und saisonale Einflüsse. Allgemein läßt sich feststellen, daß die Zeitarbeit in entwickelten Volkswirtschaften mit ausgeprägtem Dienstleistungssektor besonders verbreitet ist.

In Zeiten steigender Arbeitslosigkeit nimmt ihr Anteil zu. In Deutschland waren im Juli 1993 125.867 und im Juli 1995 187.727 Zeitarbeiter beschäftigt. Typisch sind auch die jahreszeitlichen Schwankungen: Die Höchstzahl wird jeweils im Sommer und die niedrigste Zahl im Winter erreicht (z. B. im Dezember 1993 108.846 und im Dezember 1995 162.275). Ein weiterer wesentlicher Faktor für die Verbreitung der Zeitarbeit ist die gesellschaftliche Akzeptanz.

Der Begriff „Zeitarbeit“ im Rechtsverständnis

Es gibt keine ausdrückliche Definition von Zeitarbeit. Der Begriff ist in Anlehnung an die englische Bezeichnung „temporary work“ und die französische „travail temporaire“ von Unternehmen eingeführt worden, deren Betriebszweck ausschließlich oder überwiegend auf die gewerbsmäßige Arbeitnehmerüberlassung ausgerichtet ist (vgl. Then/Denkhaus, Zeitarbeit, S. 10). Sie nennen sich Zeitarbeitunternehmen, den Arbeitnehmer „Zeitarbeitnehmer“, der an einen „Zeitarbeitkunden“ oder „Besteller“ überlassen wird. Das Arbeitnehmerüberlassungsgesetz (AÜG) bezeichnet in § 1 die Beteiligten mit anderen Begriffen und definiert gleichzeitig die Arbeitnehmerüberlassung mittelbar: Danach bedürfen Arbeitgeber, die als Verleiher Arbeitnehmer (Leiharbeitnehmer) Dritten (Entleihern) gewerbsmäßig zur Arbeitsleistung überlassen wollen, einer Erlaubnis. Da alle Arbeitgeber erfaßt sind, die als Verleiher tätig sein wollen, werden somit auch sog. Mischbetriebe mit einbezogen, für die Arbeitnehmerüberlassung nur ein Nebenzweck ihrer wirtschaftlichen Betätigung darstellt. In Belgien wird die Zeitarbeit im Sinne der Arbeitnehmerüberlassung als „travail interimaire“ bezeichnet, und das englische Recht spricht von „employment business“. Die folgenden Ausführungen konzentrieren sich im wesentlichen auf die Rechtslage, die für Zeitarbeitunternehmen maßgeblich ist.

Die geschichtliche Entwicklung und das Recht der Zeitarbeit in Deutschland

Die geschichtliche Entwicklung des Arbeitnehmerüberlassungsrechts in Deutschland zeigt beispielhaft die unterschiedlichen Haltungen, die der Gesetzgeber gegenüber der Zeitarbeit einnehmen kann.

Durch das Gesetz über Arbeitsvermittlung und Arbeitslosenversicherung aus dem Jahre 1957 war die Zeitarbeit zunächst allgemein verboten, da befürchtet wurde, die Zeitarbeit könne das damalige Monopol der Bundesanstalt für Arbeit zur Arbeitsvermittlung stören. Das Verbot hatte bis in das Jahr 1922 zurückreichende Vorläufer (§ 48 Abs. 5 des Arbeitsnachweisgesetzes). Das Bundesverfassungsgericht hat am 4. April 1967 das Verbot wegen des Verstoßes gegen das Grundrecht der Freiheit der Berufswahl aufgehoben (BVerfGE Bd. 21, S. 245, sog. Adia-Urteil). Die durch das Verbot bezweckte Abwehr von Mißbräuchen sei durch weniger einschneidende Maßnahmen als ein Verbot möglich. Arbeitnehmerüberlassung sei zudem von der Arbeitsvermittlung abgrenzbar. Bei der Arbeitnehmerüberlassung bleibe der Arbeitnehmer in arbeitsrechtlichen Beziehungen zum Verleiher. Die Arbeitsvermittlung sei dagegen auf die Begründung eines Arbeitsverhältnisses bei einem Dritten gerichtet. Das Bundessozialgericht stellte mit Urteil vom 29. Juli 1970 (BSGE Bd. 31, S. 235 ff.) zur Abgrenzung zwischen Arbeitnehmerüberlassung (Zeitarbeit) und Arbeitsvermittlung folgendes fest: Eine seit dem Urteil des Bundesverfassungsgerichts zulässige Arbeitnehmerüberlassung liege nur dann vor, wenn der Verleiher das Arbeitgeberrisiko trage, den sozialen Schutz des Leiharbeitnehmers sicherstelle und das Leiharbeitsverhältnis den Einsatz des Arbeitnehmers beim Entleiher überdauere. Ohne diese Voraussetzungen sei der Tatbestand der Arbeitsvermittlung erfüllt.

Nach der Aufhebung des Verbots unterlag die Zeitarbeit lediglich den allgemeinen Rechtsvorschriften. Da nach einer Gewerbeanmeldung jedermann der Betrieb eines Zeitarbeitunternehmens erlaubt war, bildeten sich viele kleine und kleinste Unternehmen. Es kam zu zahlreichen Mißbräuchen. Insbesondere wurden von unseriösen Unternehmern Löhne und Sozialversicherungsabgaben nicht gezahlt.

Wegen der erheblichen Mißbräuche hat das Arbeitnehmerüberlassungsgesetz vom 7. August 1972 (BGBl. I, S. 1393) unter Berücksichtigung der Rechtsprechung des Bundesverfassungsgerichts und des Bundessozialgerichts die Zeitarbeit in einem Sondergesetz geregelt:

- Zeitarbeit darf zum Schutz der Leiharbeitnehmer und eines geordneten Arbeitsmarktes grundsätzlich nur mit einer Erlaubnis betrieben werden. Die Bundesanstalt für Arbeit überwacht die Einhaltung bestimmter Vorschriften.

- Arbeitsrechtlich ist das Zeitarbeitunternehmen der Arbeitgeber des Zeitarbeitnehmers. Es hat das Risiko einer fehlenden Überlassungsmöglichkeit und damit der Nichtbeschäftigung des Leiharbeitnehmers zu tragen.

- Zum Schutz des Leiharbeitnehmers wird außerdem der Arbeitsvertrag zwischen Zeitarbeitnehmer und Zeitarbeitunternehmen bestimmten Vorschriften (z. B. Formvorschriften) unterworfen.

- Zeitarbeitunternehmen und Entleiher sind arbeitsschutzrechtlich für den Leiharbeitnehmer verantwortlich.

- Zum Schutz der Sozialversicherung und des Steueraufkommens haftet der Entleiher für Zahlungspflichten des Zeitarbeitunternehmens mit.

- Arbeitsmarktpolitisch ist zum Schutz der Tarifverträge in den Entleiherbetrieben und zur Förderung der langfristigen, unmittelbaren Dauerbeschäftigung jeder einzelne Überlassungsfall zeitlich begrenzt.

Erlaubnis durch die Bundesanstalt für Arbeit

Grundsätzlich darf die gewerbsmäßig betriebene Arbeitnehmerüberlassung nur mit einer Verleiherlaubnis der Bundesanstalt für Arbeit ausgeübt werden

(§ 1 Abs. 1, § 17 AÜG). Damit unterliegen Zeitarbeitunternehmen gewerberechtlich der Überwachung durch die Bundesanstalt für Arbeit. Sie kann nach erteilter Erlaubnis bei festgestellten Verstößen die Verleiherlaubnis widerrufen (§ 5 Abs. 1 Nr. 3 AÜG) und Bußgelder verhängen (§ 16 AÜG). Der Verleih ohne Erlaubnis kann mit einer Geldbuße bis zu 50.000 DM geahndet werden. Die Verleiherlaubnis ist gebührenpflichtig. Die Gebühr beträgt 750 DM, für unbefristete Erlaubnisse 2.500 DM.

Während normalerweise Arbeitgeber nur der sozialversicherungs- und steuerrechtlichen Prüfung unterliegen, werden Zeitarbeitunternehmen zusätzlich auf die Einhaltung anderer Vorschriften überprüft, insbesondere ob sie zuverlässig sind und die besonderen Regelungen des Arbeitnehmerüberlassungsgesetzes einhalten. Zur Absicherung des Prüfrechts der Bundesanstalt für Arbeit hat der Verleiher bestimmte Pflichten zur Meldung, zur Auskunftserteilung und zur Vorlage und Aufbewahrung von Unterlagen (vgl. § 7 AÜG).

Erlaubnisvorbehalte zum Schutz wichtiger Gemeinschaftsgüter sind nicht außergewöhnlich. So sieht z. B. das Gaststättengesetz besondere Genehmigungen vor. Der Besitz einer Verleiherlaubnis stellt also eine Art Gütesiegel dar. Er beweist, daß das Zeitarbeitunternehmen eine Reihe von besonderen Anforderungen erfüllt und unter ständiger behördlicher Überwachung steht.

Prüfung der „Zuverlässigkeit"

Die Prüfung der Bundesanstalt für Arbeit erstreckt sich zunächst darauf, ob „Tatsachen die Annahme rechtfertigen, daß der Zeitarbeitunternehmer (Verleiher) die für die Arbeitnehmerüberlassung erforderliche Zuverlässigkeit nicht besitzt, insbesondere weil er die Vorschriften des Sozialversicherungsrechts über die Einhaltung und Abführung der Lohnsteuer, über die Arbeitsvermittlung, über die Anwerbung im Ausland oder über die Ausländerbeschäftigung, die Vorschriften des Arbeitsschutzrechts oder die arbeitsrechtlichen Pflichten nicht einhält" (§ 3 Abs. 1 Nr. 1 AÜG). Diese gesetzlich aufgeführten Merkmale der Unzuverlässigkeit sind nicht abschließend. Unzuverlässigkeit kann sich z. B. auch aus bestimmten Vorstrafen des Verleihers, seinen ungeordneten Vermögensverhältnissen oder aus der Beschäftigung ungeeigneten Führungspersonals (vgl. § 7 Abs. 1 Satz 2 AÜG) ergeben (vgl. Sandmann/Marschall, Loseblatt-Kommentar zum AÜG § 3 Nrn. 5 bis 18 mit weiteren Nachweisen). Im Erlaubnisverfahren haben daher Zeitarbeitunternehmen der Bundesanstalt für Arbeit Nachweise wie das Führungszeugnis (Auszug aus dem Bundeszentralregister), Bescheinigungen von Krankenkassen und Finanzämtern vorzulegen.

Außerdem muß das Zeitarbeitunternehmen aufgrund seiner Betriebsorganisation in der Lage sein, die üblichen Arbeitgeberpflichten zu erfüllen (§ 3 Abs. 1 Nr. 2 AÜG). Das Zeitarbeitunternehmen muß über geeignete Büroräume und eine Mindestkapitalausstattung verfügen und dies der Bundesanstalt für Arbeit gegebenenfalls nachweisen. Eine Tätigkeit des Verleihers „vom Sofa aus" soll ausgeschlossen sein (Begründung des Gesetzentwurfs der Bundesregierung zur Regelung der gewerbsmäßigen Arbeitnehmerüberlassung 1972).

Regelungen für das Arbeitsverhältnis und die Überlassung an Entleiher

Seit seinem Inkrafttreten im Jahre 1972 enthält das AÜG besondere Regelungen für das Arbeitsverhältnis und für die Überlassung an den Entleiher, die neben dem allgemeinen Arbeitsrecht und Vertragsrecht gelten. Eine bereits erwähnte Besonderheit ist, daß die Bundesanstalt für Arbeit die Einhaltung dieser Bestimmungen überwacht, während nach der deutschen Rechtsordnung sonst arbeitsrechtliche und andere vertragliche Ansprüche alleine von einer der Parteien vor Gericht durchgesetzt werden müssen.

Die besonderen Regelungen für die Zeitarbeit sind:

- die Einschränkungen beim Abschluß befristeter Arbeitsverträge,

- die Einschränkungen bei der Wiedereinstellung des Leiharbeitnehmers nach der Beendigung eines unbefristeten Arbeitsverhältnisses,
- das grundsätzlich bestehende Verbot der Deckungsgleichheit zwischen der Dauer des Arbeitsverhältnisses mit dem Leiharbeitnehmer und der Dauer seines Arbeitseinsatzes bei einem Entleiher (sog. Synchronisationsverbot) sowie
- die höchstzulässige Dauer der Überlassung des Leiharbeitnehmers an denselben Entleiher.

Diese Vorschriften sollen im wesentlichen sicherstellen, daß der Verleiher in seiner Verantwortung als Arbeitgeber das Arbeitgeberrisiko trägt. Er soll das Risiko, keine Einsatzstelle bei einem Entleiher zu finden, nicht auf den Leiharbeitnehmer abwälzen. Ist der Arbeitsvertrag befristet oder decken sich die Dauer der Überlassung und die des Arbeitsverhältnisses, beschränkt sich die Tätigkeit des Verleihers nämlich im wesentlichen darauf, dem Leiharbeitnehmer eine Arbeitsgelegenheit nachzuweisen und dafür ein Entgelt entgegenzunehmen. Mit Ausnahme der Lohnzahlung an den Leiharbeitnehmer und der damit verbundenen Pflichten nähert sich in einem solchen Fall die Tätigkeit des Verleihers stark an die eines Vermittlers von Arbeitskräften an (vgl. Marschall, Münchener Handbuch zum Arbeitsrecht, § 167 Rdnr. 132).

Diese vier Sonderregelungen für die Zeitarbeit sind seit dem 1. April 1997 durch Änderung des AÜG in Artikel 64 des Arbeitsförderungs-Reformgesetzes (AFRG) erheblich gelockert worden, weil sie beschäftigungshemmend wirken können.

Die Neuregelung befristeter Arbeitsverträge

Vor dieser Änderung mußte das Zeitarbeitunternehmen mit dem Zeitarbeitnehmer grundsätzlich einen unbefristeten Arbeitsvertrag abschließen (vgl. § 3 Abs. 1 Nr. 3 AÜG). Ein befristeter Arbeitsvertrag war nur dann zulässig, wenn sich hierfür aus der Person des Zeitarbeitnehmers ein sachlicher Grund ergab. Der bloße Wunsch des Zeitarbeitnehmers nach einer Befristung des Vertragsverhältnisses wurde also nicht anerkannt. Zulässige Gründe sind z. B. der Wunsch des Studenten, nur in der vorlesungsfreien Zeit als Arbeitnehmer tätig zu sein, oder die Überbrückung von Wartezeiten (z. B. bis zum Beginn des Wehrdienstes oder Studiums).

Seit dem 1. April 1997 eröffnet sich neben solchen Möglichkeiten allgemein der erstmalige Abschluß befristeter Arbeitsverträge. Verboten bleibt in der Regel der wiederholte Abschluß eines befristeten Arbeitsvertrages mit demselben Leiharbeitnehmer. Von diesem Wiederholungsverbot besteht nur dann eine Ausnahme, wenn ein befristeter Arbeitsvertrag vorgesehen ist, der unmittelbar an einen mit dem Leiharbeitnehmer geschlossenen Vertrag anschließt. In diesem Fall darf ein weiterer befristeter Arbeitsvertrag abgeschlossen werden. Die Arbeitsverträge müssen sich aber zeitlich unmittelbar – also ohne Unterbrechung – anschließen.

Gegen diese Neuregelung ist kritisch vorgebracht worden, für solche Kettenarbeitsverhältnisse bestehe weder hinsichtlich der Zahl der Befristungen noch ihrer Dauer eine Höchstbegrenzung; dies führe zu einem Unterschreiten des allgemeinen Schutzstandards (Düwell, Betriebs-Berater 1997, S. 46). Dabei wird verkannt, daß die Regelungen des AÜG nicht abschließend sind, sondern daneben die allgemeinen Rechtsvorschriften gelten, soweit sie nicht im Widerspruch zum AÜG stehen. Nach § 1 Abs. 1 Beschäftigungsförderungsgesetz ist aber die Verlängerung eines befristeten Arbeitsvertrages höchstens dreimal und nur bis zur Gesamtdauer von zwei Jahren zulässig.

Der Gesetzgeber hat sich nicht entschließen können, den Zeitarbeitunternehmen ohne weitere Einschränkung den Abschluß befristeter Arbeitsverträge zu ermöglichen. Er sieht die Gefahr, daß bei mißbräuchlicher Ausnutzung der Möglichkeit, beliebig oft denselben Zeitarbeitnehmer einzustellen, die Bundesanstalt für Arbeit belastet würde. Die Versichertengemeinschaft der Arbeitslosenversicherung müßte dann für den Zeitarbeitnehmer in verleihfreien Zeiten Arbeitslosengeld zahlen und ihn faktisch zugunsten des Zeitarbeitunternehmens für eine Neueinstellung und den weiteren Verleih bereitstellen. Das Unternehmen trage dann kein Arbeitgeberrisiko mehr, seine Tätigkeit beschränke sich im wesentlichen auf die eines Vermittlers (vgl. Begründung zu Artikel 64 des AFRG – Bundestags-Drucksache 13/4941, S. 249).

Wiedereinstellung des Arbeitnehmers nach Kündigung

Das Zeitarbeitunternehmen könnte die Einschränkungen zum Abschluß befristeter Verträge dadurch umgehen, daß es zwar einen unbefristeten Arbeitsvertrag abschließt, das Arbeitsverhältnis aber durch Kündigung beendet und den Zeitarbeitnehmer erst bei entsprechendem Bedarf neu einstellt. Um dem entgegenzuwirken, legt § 3 Abs. 1 Nr. 4 AÜG seit dem 1. April 1997 fest, daß entsprechend der Neuregelung zum einmaligen Abschluß eines befristeten Vertrages das Zeitarbeitunternehmen denselben Zeitarbeitnehmer nur einmal innerhalb von drei Monaten erneut einstellen darf. Der wiederholte Abschluß von unbefristeten Arbeitsverträgen mit Kündigung und Wiedereinstellung desselben Zeitarbeitnehmers innerhalb von drei Monaten ist damit nicht zulässig. Erst nach dem dritten Monat entfallen diese Einschränkungen für eine Wiedereinstellung.

Die Lockerung des Synchronisationsverbots

Das Arbeitsverhältnis darf nicht zeitgleich, synchron, mit der erstmaligen Überlassung an einen Entleiher sein (vgl. § 3 Abs. 1 Nr. 5 AÜG). Das Zeitarbeitunternehmen muß deshalb dafür Sorge tragen, daß der Zeitarbeitnehmer seine Arbeitsleistung grundsätzlich bei zwei Entleihern oder bei einem Entleiher und dem Zeitarbeitunternehmen erbringt. Im Interesse schwervermittelbarer Arbeitnehmer besteht eine Ausnahme von diesem Synchronisationsverbot. Da Entleiher durch die Arbeitnehmerüberlassung die Kenntnisse und Fähigkeiten von Zeitarbeitnehmern kennenlernen, haben sie nicht selten ein Interesse daran, Zeitarbeitnehmer in ein Arbeitsverhältnis zu übernehmen. Handelt es sich um einen erstmaligen Arbeitseinsatz des Zeitarbeitnehmers bei einem Entleiher, wäre das Zeitarbeitunternehmen wegen des Synchronisationsverbots daran gehindert, den Leiharbeitnehmer sofort an den Entleiher freizugeben. Deshalb gilt dieses Verbot nicht, wenn der schwervermittelbare Zeitarbeitnehmer dem Zeitarbeitunternehmen von der Bundesanstalt für Arbeit vermittelt worden war und sofort nach der Überlassung in ein Arbeitsverhältnis bei dem Entleiher eintritt. In diesem Fall besteht für den Zeitarbeitnehmer kein Schutzbedürfnis. Das Synchronisationsverbot könnte sogar dessen Interessen zuwiderlaufen, weil er an einem baldigen Arbeitsverhältnis mit dem Entleiher, seinem neuen Arbeitgeber, interessiert ist.

Neben dieser Ausnahme gilt seit dem 1. April 1997 eine weitere Erleichterung. Allgemein ist – bezogen auf jeden neueingestellten, bei dem Zeitarbeitunternehmen vorher noch nicht beschäftigten Zeitarbeitnehmer – die einmalige zeitliche Deckungsgleichheit des Arbeitsverhältnisses und der erstmaligen Überlassung erlaubt; nur die „wiederholte" Synchronisation ist verboten (§ 3 Abs. 1 Nr. 5 AÜG). Das Synchronisationsverbot braucht also bei dem ersten mit dem Zeitarbeitnehmer abgeschlossenen Arbeitsvertrag, sei er befristet oder unbefristet, nicht beachtet zu werden. Dies kommt den wirtschaftlichen Bedürfnissen von Zeitarbeitunternehmen entgegen. Neu eingestellte Zeitarbeitnehmer müssen, wenn sie sich z. B. nicht bewähren, nicht mehr bei einem weiteren Entleiher oder in dem Zeitarbeitunternehmen selbst beschäftigt werden. Die Personaldispositionen der Zeitarbeitunternehmen werden erleichtert.

Zeitliche Begrenzung der Überlassung

Ein Zeitarbeitunternehmen darf seit dem 1. April 1997 denselben Zeitarbeitnehmer einem Entleiher nicht länger als zwölf aufeinanderfolgende Monate überlassen; der Zeitraum einer unmittelbar vorangehenden Überlassung durch ein anderes Zeitarbeitunternehmen an denselben Entleiher wird angerechnet (§ 3 Abs. 1 Nr. 6 AÜG).

Ursprünglich war diese Frist auf drei Monate beschränkt. Sie wurde dann – beginnend mit dem Beschäftigungsförderungsgesetz 1985 – durch verschiedene Gesetzesänderungen zunächst auf sechs, dann auf neun Monate erweitert. Damit wurden die Möglichkeiten für einen wirtschaftlich vorteilhaften Einsatz von Zeitarbeitnehmern wesentlich erweitert. Besonders die Verlängerung von drei auf sechs Monate hat Zehntausende von Arbeitsverhältnissen mit Zeitarbeitnehmern zusätzlich geschaffen, während die Verlängerung auf neun Monate keine so großen Auswirkungen hatte. Mit zwölf Monaten werden voraussichtlich die meisten sinnvollen Einsatzmöglichkeiten für Zeitarbeitnehmer abgedeckt sein.

Die Begrenzung der Überlassungsdauer kann allerdings in bestimmten Fällen für die Zeitarbeitunternehmen Nachteile mit sich bringen. Da manche Zeitarbeitnehmer bei ihrem Arbeitseinsatz eine gewisse Einarbeitungszeit benötigen, könnten Entleiher an einem längerfristigen Einsatz interessiert sein. Das gilt z. B. für die Durchführung größerer Projekte oder bei der Vertretung für eine Stammarbeitskraft, wenn der Erziehungsurlaub länger als zwölf Monate dauert. Jedoch wird ein Arbeitgeber, der eine Ersatzkraft für eine längere Zeit, z. B. für 18 Monate, sucht, in der Regel aus Kostengründen selbst – gegebenenfalls befristet – einen Arbeitnehmer einstellen und nicht auf Zeitarbeitnehmer zurückgreifen.

Der Gesetzgeber kommt mit der Begrenzung der Überlassungsdauer dem erwähnten Urteil des Bundesverfassungsgerichts vom 4. April 1967 nach, das darauf abgestellt hat, daß Unternehmen, die Arbeitgebern Arbeitskräfte für eine „längere Zeit" zur Verfügung stellen, in der Regel keine Zeitarbeit, sondern Arbeitsvermittlung betreiben (vgl. Bundestags-Drucksache VI, 2303, S. 12). Außerdem wird mit einer solchen Frist verhindert, daß Arbeitgeber bestimmte Unternehmensbereiche ausgliedern und die bisherigen Stammarbeitnehmer auf Dauer als Zeitarbeitnehmer in ihren Unternehmen beschäftigen. Sie könnten so auf die Beschäftigung von Zeitarbeitnehmern ausweichen und sich ihren arbeitsrechtlichen Verpflichtungen gegenüber Stammkräften entziehen. Nicht zuletzt, weil Zeitarbeitnehmer die Tarifeinheit in einem Betrieb durchbrechen können, kritisiert der Deutsche Gewerkschaftsbund die Regelungen der gewerbsmäßigen Arbeitnehmerüberlassung (Zeitarbeit).

Die höchstzulässige zeitliche Grenze von zwölf Monaten gilt nur für die Überlassung ohne jede Unterbrechung. Aber nicht jede noch so kleine Unterbrechung der Überlassung (z. B. ein Tag) reicht nach dem Sinn und Zweck der Vorschrift aus, erneut den Lauf der Frist für eine Überlassung von zwölf Monaten an denselben Entleiher in Gang zu setzen. Nach der Rechtsprechung ist eine Unterbrechung unbeachtlich – mit der Folge, daß die höchstzulässige Einsatzfrist überschritten sein kann –, wenn zwischen den einzelnen Arbeitseinsätzen ein enger sachlicher Zusammenhang besteht, dessen Vorliegen nach den Umständen des Einzelfalles zu beurteilen ist (vgl. Bundesarbeitsgericht vom 23. November 1988, Arbeitsrechtliche Praxis Nr. 14 zu § 1 AÜG).

Die Bundesanstalt für Arbeit geht dabei von der Regel aus, daß der Zeitarbeitnehmer seine Tätigkeit bei demselben Entleiher erst wieder aufnehmen kann, wenn er ein Viertel der vorhergehenden Überlassungszeit nicht bei diesem Entleiher tätig war. Danach dürfte er z. B. bei einer vereinbarten Überlassungszeit von zwölf Monaten nach drei Monaten und nach einer Überlassungszeit von sechs Monaten nach eineinhalb Monaten seine Tätigkeit bei demselben Entleiher wiederaufnehmen.

Wird die zulässige Überlassungsdauer von zwölf Monaten überschritten, so wird gesetzlich vermutet, daß der Überlassende (das Zeitarbeitunternehmen) tatsächlich Arbeitsvermittlung betreibt (§ 1 Abs. 2 AÜG). Der Vermutungstatbestand greift im übrigen auch dann ein, wenn der Überlassende die üblichen Arbeitgeberpflichten übernommen hat (vgl. Sandmann/Marschall, a. a. O., § 1 Rdnr. 60 m. w. N.). Das Überschreiten der Zwölf-Monats-Grenze ist außerdem mit einer Geldbuße bis zu 5.000 DM bedroht (§ 16 Abs. 1 Nr. 9 AÜG).

Verbot der Arbeitnehmerüberlassung in Betriebe des Baugewerbes

Seit dem 1. Januar 1982 ist die Arbeitnehmerüberlassung in Betriebe des Baugewerbes für Tätigkeiten, die üblicherweise von Arbeitern verrichtet werden, aufgrund des Arbeitsförderungs-Konsolidierungsgesetzes gesetzlich verboten. Damit folgte die damalige Mehrheit des Bundestages dem Beispiel der Niederlande, in denen ein Verbot für Zeitarbeit im Baubereich bestand. Verfassungsrechtlich begründete Klagen von Zeitarbeitunternehmen und Zeitarbeitnehmern gegen das Verbot scheiterten. Das Bundesverfassungsgericht entschied, das Verbot enthalte eine zulässige Berufsausübungsregelung, die den Zeitarbeitunternehmen zumutbar sei (BVerfG in NJW 1988, S. 1195 ff.).

Das Verbot nach § 12a Arbeitsförderungsgesetz (AFG) gilt unabhängig davon, ob der Verleiher eine Verleiherlaubnis hat oder nicht. Ein Verstoß gegen § 12a AFG kann mit einem Bußgeld bis zu 30.000 DM geahndet werden (§ 228 Abs. 2 Nr. 3 AFG, ab dem 1. Januar 1998: § 16 Abs. 1 Nr. 1b AÜG).

Im wesentlichen hatte der Gesetzgeber folgende Gründe für das Verbot (vgl. Arbeitsförderungs-Konsolidierungsgesetz, Bundestags-Drucksache 9/846) genannt:

- Auf Zeitarbeitnehmer finden die Tarifverträge der Betriebe, in denen sie eingesetzt werden, keine Anwendung. Zeitarbeitnehmer, die in Baubetriebe überlassen werden, erhalten deshalb insbesondere keine Leistungen von den Sozialkassen der Bauwirtschaft, deren Einrichtung und Tätigkeit auf Tarifverträgen beruhen, die für allgemeinverbindlich erklärt worden sind.
- Zeitarbeitunternehmen haben Wettbewerbsvorteile gegenüber Bauunternehmen, weil sie im Gegensatz zu diesen für ihre im Baugewerbe tätigen Arbeitnehmer keine Beiträge an die Sozialkassen des Baugewerbes entrichten.
- Neben den legalen Zeitarbeitnehmern (im Jahre 1980 ungefähr 6.000) würden in erheblich höherer Zahl illegale Leiharbeitnehmer, insbesondere Ausländer ohne Arbeitserlaubnis, „im Schatten des legalen Arbeitskräfteverleihs" eingesetzt. Dies werde durch die Schwierigkeiten, die auf ständig wechselnden Baustellen arbeitenden Arbeitnehmer zu überwachen, erleichtert.

Das Verbot der Arbeitnehmerüberlassung im Baugewerbe hat der Gesetzgeber 1994 gelockert, allerdings nicht für Zeitarbeitunternehmen. Seit dem 29. September 1994 ist die Arbeitnehmerüberlassung zwischen Betrieben des Baugewerbes gestattet, wenn diese Betriebe von denselben Rahmen- und Sozialkassentarifverträgen oder von deren Allgemeinverbindlichkeit erfaßt werden (§ 12a Satz 2 AFG). Bei Erfüllung der Voraussetzungen des Arbeitnehmerüberlassungsgesetzes ist also die Arbeitnehmerüberlassung innerhalb desselben Zweiges des Baugewerbes (Garten- und Landschaftsbau, Gerüstbau, Dachdeckergewerbe, Bauhauptgewerbe) gestattet.

Das Arbeitsförderungs-Reformgesetz hat diese Rechtslage – entgegen Forderungen des Verbandes der Zeitarbeitunternehmen und nach eingehenden Diskussionen – nicht geändert. Mit seinem teilweisen Inkrafttreten am 1. Januar 1998 tritt zwar das Arbeitsförderungsgesetz und damit auch dessen § 12a AFG außer Kraft. Die Regelung in § 12a AFG wird aber durch einen inhaltsgleichen § 1b AÜG ersetzt; so daß die bisherige Rechtslage bestehenbleibt.

Das Verbot der Arbeitnehmerüberlassung in Betriebe des Baugewerbes beeinträchtigt die wirtschaftliche Betätigung der Zeitarbeitunternehmen nicht unerheblich, weil sie damit von einem ganzen Wirtschaftszweig ausgeschlossen sind.

Erlaubnisverfahren der Landesarbeitsämter

Zuständig für die Erteilung der Erlaubnis zur Zeitarbeit (Verleiherlaubnis) ist das Landesarbeitsamt, in dessen Bereich das Zeitarbeitunternehmen seinen Wohn- oder Geschäftssitz hat. Für Unternehmen mit Sitz außerhalb Deutschlands hat die Bundesanstalt für Arbeit unterschiedliche Landesarbeitsämter als zuständig erklärt, z. B. für Frankreich das Landesarbeitsamt Rheinland-Pfalz-Saarland in Saarbrücken, für die Niederlande und Großbritannien das Landesarbeitsamt Nordrhein-Westfalen (vgl. im einzelnen Sandmann/Marschall, a. a. O. § 3 Rdnr. 68).

Die Erlaubnis ist zunächst jeweils auf ein Jahr befristet, um der Bundesanstalt für Arbeit Gelegenheit zu geben, die Voraussetzungen für die Erlaubniserteilung erneut zu prüfen. Nach drei aufeinanderfolgenden Jahren der erlaubten Tätigkeit kann die Erlaubnis unbefristet erteilt werden (§ 2 Abs. 4 und 5 AÜG). Die unbefristete Verleiherlaubnis bietet daher dem Entleiher eine weitgehende Gewähr, daß das Zeitarbeitunternehmen in der Vergangenheit die maßgeblichen Vorschriften eingehalten hat. Die Erlaubnis kann mit einem Widerrufsvorbehalt oder mit Bedingungen und Auflagen versehen werden (§ 2 Abs. 2 und 3 AÜG). Auflagen, die der Durchsetzung des geltenden Rechts dienen, sind auch nach der Erlaubniserteilung möglich. Die Verleiherlaubnis kann mit Wirkung für die Zukunft widerrufen werden, wenn der Widerruf vorbehalten war, das Zeitarbeitunternehmen innerhalb einer festgesetzten Frist eine Auflage nicht erfüllt oder die Bundesanstalt für Arbeit aufgrund nachträglich eingetretener Tatsachen oder aufgrund einer geänderten Rechtslage berechtigt wäre, die Erlaubnis zu versagen (§ 5 Abs. 1 AÜG).

Zeitarbeit aus dem Ausland

Im Rahmen der innerhalb der Europäischen Union und des europäischen Wirtschaftsraums bestehenden Dienstleistungsfreiheit können Unternehmen, die ihren Sitz außerhalb der Bundesrepublik Deutschland, aber innerhalb des europäischen Wirtschaftsraums haben, unter den in § 3 Abs. 4 AÜG genannten weiteren Voraussetzungen ebenfalls eine Verleiherlaubnis wie deutsche Staatsangehörige erhalten. Sie müssen eine deutsche Verleiherlaubnis für die Arbeitnehmerüberlassung in die Bundesrepublik Deutschland besitzen, selbst wenn sie eine Verleiherlaubnis nach dem Recht ihres Staates haben. Nach dem Urteil des Europäischen Gerichtshofes vom 17. Dezember 1981 (279/80; vgl. Neue Juristische Wochenschrift 1982, S. 1203) verstößt ein Mitgliedstaat der Europäischen Union nicht gegen Art. 59 des EWG-Vertrages, wenn er einen in einem anderen Mitgliedstaat ansässigen Erbringer von Dienstleistungen (Verleiher), der diese Tätigkeit in seinem Staat ausübt, verpflichtet, eine solche zusätzliche Genehmigung einzuholen. Allerdings muß der Staat, in den die Arbeitnehmerüberlassung erfolgen soll, die Nachweise und Sicherheiten im Genehmigungsverfahren anerkennen, die im Heimatstaat des Verleihers bereits erbracht wurden. Ist die Arbeitnehmerüberlassung in dem anderen Staat verboten, erteilt die Bundesanstalt für Arbeit keine Verleiherlaubnis, weil der ausländische Verleiher in seinem Staat verbotswidrig handelt und daher als unzuverlässig einzustufen ist.

Unternehmen, die Arbeitnehmer von außerhalb des europäischen Wirtschaftsraums in die Bundesrepublik Deutschland überlassen wollen, erhalten keine Verleiherlaubnis (vgl. § 3 Abs. 2 AÜG), weil eine Überwachung solcher Zeitarbeitunternehmen kaum möglich ist und an der grenzüberschreitenden Zeitarbeit aus diesen Staaten grundsätzlich kein arbeitsmarktpolitisches Interesse besteht.

Arbeitsverhältnis zwischen Zeitarbeitunternehmen und Zeitarbeitnehmer

Für das Arbeitsverhältnis zwischen Zeitarbeitunternehmen und Zeitarbeitnehmer gilt grundsätzlich das allgemeine Arbeitsrecht. Zum Schutz des Zeitarbeitnehmers, aber auch zur leichteren Überwachung der Zeitarbeitunternehmen, enthält das AÜG besondere Vorschriften, die teilweise von denen des allgemeinen Arbeitsrechts, z. B. des Nachweisgesetzes, abweichen.

Das Zeitarbeitunternehmen muß entweder den wesentlichen Inhalt eines – mündlich – abgeschlossenen Arbeitsvertrages in eine zu unterzeichnende Urkunde aufnehmen, oder – dies dürfte die Regel sein – es schließt einen schriftlichen Vertrag mit dem Zeitarbeitnehmer ab (§ 11 Abs. 1 Satz 1 und 4 AÜG). Abweichend vom Nachweisgesetz muß das Zeitarbeitunternehmen dem Zeitarbeitnehmer die Urkunde oder den schriftlichen Vertrag vor Beginn der Beschäftigung aushändigen und eine Durchschrift drei Jahre lang aufbewahren (§ 11 Abs. 1 Satz 5 AÜG). Wenn das Zeitarbeitunternehmen gegen diese Pflichten verstößt, kann die Verleiherlaubnis widerrufen werden. Auch besteht eine Bußgelddrohung bis zu 1.000 DM (§ 16 Abs. 1 Nr. 8 AÜG).

Neben den wesentlichen Inhalten des Arbeitsverhältnisses müssen – abweichend vom Nachweisgesetz – insbesondere die für die Tätigkeit des Zeitarbeitnehmers erforderlichen Qualifikationen (z. B. Befähigungsnachweise) und Gründe für eine Befristung des Arbeitsverhältnisses angegeben werden.

Bei dem Vertragsschluß hat das Zeitarbeitunternehmen dem Zeitarbeitnehmer ein Merkblatt der Bundesanstalt für Arbeit über die wichtigsten Vorschriften des Arbeitnehmerüberlassungsgesetzes auszuhändigen. Ausländische Zeitarbeitnehmer erhalten das Merkblatt und die Urkunde über den Arbeitsvertrag in ihrer

Muttersprache (§ 11 Abs. 2 AÜG). Die Bundesanstalt für Arbeit hält Merkblätter in den gängigen Sprachen der Europäischen Union, aber auch in Türkisch und Serbokroatisch bereit.

Einen ausländischen Arbeitnehmer, der eine Arbeitserlaubnis benötigt, darf ein Zeitarbeitunternehmen nur beschäftigen, wenn der Ausländer die Arbeitserlaubnis besitzt. Nach § 6 Abs. 1 Satz 2 Arbeitserlaubnisverordnung (AEVO) wird eine Arbeitserlaubnis, die nach einer Arbeitsmarktprüfung oder für eine erstmalige Beschäftigung des Ausländers erteilt werden soll, vom Arbeitsamt nicht ausgestellt, wenn der Arbeitnehmer als Leiharbeitnehmer tätig werden soll.

Unwirksamkeit von Rechtshandlungen

Das Arbeitnehmerüberlassungsgesetz sieht für bestimmte Vereinbarungen zwischen Zeitarbeitunternehmen und Entleiher sowie für bestimmte Vereinbarungen und Rechtshandlungen im Arbeitsverhältnis zwischen Zeitarbeitunternehmen und Zeitarbeitnehmer die Unwirksamkeit vor oder untersagt sie.

Unwirksam sind zunächst alle Verträge zwischen einem Zeitarbeitunternehmen und den Entleihern sowie zwischen dem Unternehmen und dem Zeitarbeitnehmer, wenn der Verleiher keine erforderliche Verleiherlaubnis besitzt (§ 9 Nr. 1 AÜG). Die Unwirksamkeit der Verträge hat zur Folge, daß unter den Voraussetzungen des § 10 AÜG ein Arbeitsverhältnis zwischen dem Entleiher und dem Zeitarbeitnehmer zustande kommt. Der Entleiher sollte daher immer darauf achten – notfalls durch Rückfrage bei der Bundesanstalt für Arbeit –, daß das Zeitarbeitunternehmen im Besitz einer Verleiherlaubnis ist.

Wiederholte Befristungen des Arbeitsverhältnisses zwischen Zeitarbeitunternehmen und Zeitarbeitnehmer sind in der Regel, wie oben ausgeführt, grundsätzlich unwirksam. Liegt keine Ausnahme vor und werden in zeitlichem Abstand zwei Arbeitsverhältnisse mit demselben Zeitarbeitnehmer befristet abgeschlossen, sind die Befristungen – nicht der Arbeitsvertrag an sich – unwirksam. Dies bedeutet, daß zwischen Zeitarbeitunternehmen und Zeitarbeitnehmer ein unbefristetes Arbeitsverhältnis zustande kommt.

Der Arbeitnehmer hat – unabhängig davon, ob er dem Zeitarbeitunternehmen seine Arbeitsleistung angeboten hat oder nicht – Anspruch auf sein Arbeitsentgelt, auch nachdem die Frist im unwirksamen befristeten Arbeitsvertrag abgelaufen ist (vgl. § 10 Abs. 4 Satz 2 AÜG).

Ein unbefristetes Arbeitsverhältnis kommt auch dann zustande, wenn das Zeitarbeitunternehmen den Zeitarbeitnehmer nach einer Kündigung wiederholt innerhalb von drei Monaten nach Beendigung des Arbeitsverhältnisses erneut einstellt, weil in diesem Fall die Kündigungen unwirksam sind (§ 9 Nr. 3 AÜG).

Rechtsbeziehungen zwischen Zeitarbeitunternehmen und Kunden (Entleiher)

Auch für die Rechtsbeziehungen zwischen Zeitarbeitunternehmen und Entleiher enthält das Arbeitnehmerüberlassungsgesetz keine abschließenden Regelungen. Grundsätzlich gilt das allgemeine Vertragsrecht des Bürgerlichen Gesetzbuchs (vgl. zur Haftung im Überlassungsverhältnis, Schüren, Arbeitnehmerüberlassungsgesetz, Einleitung, Rdnr. 341 ff.).

Zum Schutz des Entleihers verlangt § 12 AÜG immer die Schriftform für den Überlassungsvertrag zwischen Zeitarbeitunternehmen und Entleiher. Außerdem ist in der Vertragsurkunde anzugeben, ob das Zeitarbeitunternehmen die Verleiherlaubnis besitzt. Dies ist notwendig, weil den Entleiher erhebliche Rechtsfolgen treffen, wenn die Erlaubnis fehlt (s. o. § 10 AÜG).

Das Zeitarbeitunternehmen hat dem Entleiher auch die erforderlichen Angaben zu machen, die dieser für die Meldung nach § 28a des Vierten Buches Sozialgesetzbuch (SGB IV) benötigt.

Pflichten des Entleihers

Da die Arbeitsleistung des Zeitarbeitnehmers dem Entleiher zugute kommt, bestehen zur Sicherung des Beitrags- und Steueraufkommens haftungsrechtliche Regelungen zu Lasten des Entleihers (vgl. § 28e Abs. 2 SGB IV, § 42d EStG). Er haftet danach für die Erfüllung der Pflicht des Zeitarbeitunternehmens zur Zahlung der Sozialversicherungsbeiträge wie ein selbstschuldnerischer Bürge. Der Entleiher ist verpflichtet, der Einzugsstelle zur Sozialversicherung den Zeitarbeitnehmer, dessen Arbeitgeber sowie Beginn und Ende der Überlassung zu melden (§ 28a Abs. 4 SGB IV). Grundsätzlich haftet er auch neben dem Zeitarbeitunternehmen für die Abführung der Lohnsteuer des überlassenen Zeitarbeitnehmers. Der Entleiher hat aber Entlastungsmöglichkeiten, wenn er seine Pflichten eingehalten hat (vgl. § 42d Abs. 6 EStG).

Schutz des Zeitarbeitnehmers bei seinem Einsatz

Für die Arbeitssicherheit und den Gesundheitsschutz des Zeitarbeitnehmers sind die öffentlich-rechtlichen Vorschriften des Arbeitsschutzrechts maßgebend, die für den Betrieb des Entleihers gelten. Die Pflichten, die sich dann hieraus ergeben, obliegen dem Entleiher unbeschadet der Pflichten des Zeitarbeitunternehmens (§ 11 Abs. 6 Satz 1 AÜG).

Da der Zeitarbeitnehmer seine Tätigkeit bei unterschiedlichen Entleihern erbringt, ist er besonderen Gefährdungen ausgesetzt. Die Unfallhäufigkeit ist bei neu eingestellten Arbeitnehmern oder solchen, die den Arbeitsort häufig wechseln, besonders hoch. Davon geht auch die Richtlinie der Europäischen Union zur Ergänzung von Maßnahmen zur Verbesserung des Gesundheitsschutzes von Arbeitnehmern mit befristetem Arbeitsvertrag oder Leiharbeitsverhältnis aus (vgl. Amtsblatt der Europäischen Gemeinschaften: ABl. L Nr. 206 vom 29. Juli 1991, S. 19 ff.). Die Bestimmungen der Richtlinie sind durch Änderungen des AÜG in deutsches Recht übernommen worden. So muß das Zeitarbeitunternehmen den Zeitarbeitnehmer in dem schriftlichen Arbeitsvertrag oder der Urkunde unter anderem auf die Art und die besonderen Merkmale der von ihm zu leistenden Tätigkeit hinweisen und angeben, welche dafür erforderlichen Qualifikationen er besitzen muß (§ 11 Abs. 1 Satz 2 Nr. 3 AÜG). Der Entleiher hat vor Beginn der Tätigkeit und bei Veränderungen in seinem Geschäftsbereich den Zeitarbeitnehmer über Gefahren für die Sicherheit und Gesundheit bei seiner Arbeit sowie über Maßnahmen und Einrichtungen zur Abwendung dieser Gefahren zu unterrichten. Auch muß der Entleiher den Zeitarbeitnehmer über die Notwendigkeit besonderer Qualifikationen, beruflicher Fähigkeiten, einer besonderen ärztlichen Überwachung und über erhöhte besondere Gefahren des Arbeitsplatzes in Kenntnis setzen (§ 11 Abs. 6 AÜG).

Forderungen nach Gesetzesänderungen

Der Bundesverband Zeitarbeit, in dem sich die Mehrzahl der größeren Zeitarbeitunternehmen zusammengeschlossen hat, fordert seit Jahren eine Änderung des Arbeitnehmerüberlassungsrechts:

- allgemeine Zulassung befristeter Arbeitsverträge,
- Aufhebung des sog. Synchronisationsverbots,
- freie Einstellungsmöglichkeit vormals beschäftigter Arbeitnehmer,
- Wegfall der Frist der höchstzulässigen Überlassungsdauer, mindestens Erweiterung der zulässigen Überlassungsdauer an einen Entleihbetrieb auf 18 Monate,
- Aufhebung des Verbots der Arbeitnehmerüberlassung in Betriebe des Baugewerbes.

Vereinzelt wird von Zeitarbeitunternehmen der Wegfall der Erlaubnispflicht für die gewerbsmäßige Arbeitnehmerüberlassung gefordert.

Haltung des Gesetzgebers

Der Gesetzgeber hat mit der am 1. April 1997 in Kraft getretenen Reform des Arbeitnehmerüberlassungsgesetzes die Forderungen des Bundesverbandes Zeitarbeit zwar weitgehend berücksichtigt, aber die Grundkonzeption des Gesetzes im wesentlichen beibehalten:

Die Abgrenzung der Arbeitnehmerüberlassung zur Arbeitsvermittlung in § 1 Abs. 1 und § 13 AÜG ist entfallen. Gleichwohl ist eine solche Abgrenzung nach wie vor von wesentlicher Bedeutung, weil es sich um unterschiedliche Vorgänge handelt, die jeweils anderen Regelungen unterliegen und – für alle Beteiligten erkennbar – unterschiedlich gehandhabt werden müssen.

Die einmalige Möglichkeit, den Arbeitsvertrag mit dem Zeitarbeitnehmer zu befristen und dabei das Synchronisationsverbot nicht beachten zu müssen sowie einmal, nach einer Kündigung, den Zeitarbeitnehmer ohne Beachtung von Fristen wieder zu beschäftigen, stellt die Zeitarbeitunternehmen arbeitsrechtlich weitgehend anderen Arbeitgebern gleich. Die weiter zu beachtenden Einschränkungen dienen der Sicherstellung, daß dem Zeitarbeitunternehmen – im Gegensatz zum Vermittler von Arbeitskräften – ein Arbeitgeberrisiko bleibt.

Unter Berücksichtigung der Rechtsprechung des Bundesverfassungsgerichts (a. a. O.), das für die „kurzfristige" Zeitarbeit ein wirtschaftliches Bedürfnis gesehen hat, erscheint die Frist der höchstzulässigen Überlassungsdauer desselben Zeitarbeitnehmers an denselben Entleiher mit zwölf Monaten ausgeschöpft. Die Arbeitnehmerüberlassung hat mit dieser Beschränkung den Sinn und ihre Berechtigung, daß das Zeitarbeitunternehmen durch die Bündelung mehrerer kurzfristiger Arbeitseinsätze eines Zeitarbeitnehmers bei Entleihern, die keinen Dauerarbeitsplatz schaffen wollen, einen langfristigen Arbeitsplatz für den Zeitarbeitnehmer in seiner arbeitgeberischen Verantwortung schafft. Auch sollen Tarifverträge bei den Entleihern nicht ohne zeitliche Begrenzung umgangen werden können.

Die möglichst weitgehende Einhaltung der Tarifeinheit in einem Betrieb dürfte heute auch der Hauptgrund dafür sein, daß die Aufhebung des Verbots der Arbeitnehmerüberlassung in Betriebe des Baugewerbes wegen der dort bestehenden Sozialkassen-Tarifverträge, die für Zeitarbeitunternehmen nicht gelten, politisch kaum durchsetzbar erscheint.

Die Verleiherlaubnis dürfte ihren Zweck erfüllen, Zeitarbeitnehmer und Entleiher vor unseriösen Zeitarbeitunternehmen zu schützen. Die Bundesanstalt für Arbeit hat in den Jahren 1992 bis 1995 immerhin

348 Erlaubnisse widerrufen und neun Erlaubnisse zurückgenommen.

Regelungen in den anderen Staaten der Europäischen Union

Das Recht der Zeitarbeit in den Staaten der Europäischen Union ist nicht einheitlich. In manchen Staaten bestehen kaum oder gar keine Regelungen für diesen Bereich.

In Belgien ist die Zeitarbeit nur für Arbeitsleistungen zur Ersetzung eines Stammarbeitnehmers, zur Beschäftigung bei einem ungewöhnlichen Arbeitsanfall im Entleiherbetrieb und zur Sicherstellung der Ausführung außergewöhnlicher Arbeiten gestattet. Eine Erlaubnis ist nicht vorgesehen, die Verträge zwischen Zeitarbeitunternehmen und Zeitarbeitnehmern sowie zwischen Verleihern und Zeitarbeitunternehmen müssen aber bestimmten Formvorschriften genügen.

In Dänemark ist die Zeitarbeit seit 1989 ohne Einschränkungen zulässig, nachdem frühere gesetzliche Beschränkungen aufgehoben sind, die Zeitarbeit nur im Bürobereich zuließen.

In Finnland bestehen keine besonderen Regelungen für Zeitarbeit.

In Frankreich dürfen Zeitarbeitnehmer nur zu bestimmten Zwecken eingesetzt werden. Als zulässig anerkannt sind die Vertretung eines vorübergehend abwesenden Stammarbeitnehmers, ein zeitlich begrenztes zusätzliches Arbeitsaufkommen im aufnehmenden Unternehmen und Saisonarbeiten. Das Zeitarbeitunternehmen benötigt eine Verleiherlaubnis. Der Vertrag mit dem Zeitarbeitnehmer muß schriftlich und für die Dauer der Überlassung des Zeitarbeitnehmers an denselben Entleiher abgeschlossen werden. Er darf nur einmal erneuert werden, und die Dauer der Überlassung des einzelnen Zeitarbeitnehmers ist grundsätzlich auf 18 Monate begrenzt. In bestimmten Ausnahmefällen, wie bei der Überlassung in das Ausland, kann sie bis zu 24 Monate betragen. Der Zeitarbeitnehmer hat Anspruch auf eine „Risikoentschädigung" und auf Urlaubsgeld. Auch der Überlassungsvertrag ist schriftlich abzuschließen. Der Entleiher haftet nachrangig für die arbeitsrechtlichen Ansprüche des Zeitarbeitnehmers und für die Sozialversicherungsabgaben.

In Griechenland verstößt die Zeitarbeit gegen das staatliche Arbeitsvermittlungsmonopol und ist damit verboten.

In Großbritannien benötigen Zeitarbeitunternehmen seit 1994 keine Erlaubnis. Das Unternehmen muß zuverlässig sein und geeignete Geschäftsräume haben.

Bei Verstößen oder bei Ungeeignetheit kann ein Gericht bis zur Dauer von zehn Jahren die Ausübung der Zeitarbeit untersagen.

In Irland bedarf das Zeitarbeitunternehmen einer Erlaubnis. Es muß seine Zuverlässigkeit nachweisen, seine Geschäftsräume müssen geeignet sein. Die Zeitarbeit unterliegt keinen weiteren Beschränkungen.

In Italien ist die Zeitarbeit verboten. Sogar bestimmte Formen der Entsendung von Arbeitnehmern zur Erfüllung von Werkverträgen sind untersagt.

In Luxemburg benötigen reine Verleihunternehmen seit 1994 eine Erlaubnis des Ministeriums für Arbeit und des Ministeriums für den Mittelstand. Die Erteilung der Genehmigung kann davon abhängig gemacht werden, daß bestimmte Bedingungen erfüllt werden oder eine Kaution hinterlegt wird. Sie gilt zwölf Monate, kann aber verlängert werden.

In Österreich ist die Zeitarbeit im Arbeitskräfteüberlassungsgesetz vom 23. März 1988 (ö. BGBl. vom 21. April 1988) geregelt. Es enthält dem deutschen Recht vergleichbare Regelungen, aber auch solche, die dem deutschen Recht fremd sind. Nach § 127 Nr. 28 der österreichischen Gewerbeordnung 1994 (ö. BGBl. vom 18. März 1994, S. 2470) zählt die Überlassung von Arbeitskräften zu den gebundenen Gewerben, die erst nach Erlangung einer Bewilligung ausgeübt werden dürfen. Vorher muß die Zuverlässigkeit zur Ausübung der Tätigkeit nachgewiesen werden. Die Bewilligung wird vom jeweils zuständigen Landeshauptmann erteilt. In zweiter Instanz ist der Bundesminister für wirtschaftliche Angelegenheiten im Einvernehmen mit dem Bundesminister für Arbeit und Soziales zuständig. Vor der Erteilung der Bewilligung werden Gutachten der Landeskammer für gewerbliche Wirtschaft, der Kammer für Arbeiter und Angestellte sowie des Landesarbeitsamtes eingeholt. Diese Stellen können auch die Entziehung der Bewilligung für das Gewerbe der Überlassung von Arbeitskräften beantragen. Darüber entscheidet die Bewilligungsbehörde. Erlaubnisfrei sind nach § 257 Abs. 2 der österreichischen Gewerbeordnung eine Reihe von Überlassungen. Der wichtigste Fall ist die vorübergehende Überlassung von Arbeitskräften an Arbeitgeber, von denen die gleiche Erwerbstätigkeit wie die der Überlasser ausgeübt wird, bis zur Höchstdauer von sechs Monaten im Jahr. Es muß jedoch der Charakter des Überlassungsbetriebs gewahrt bleiben. Zeitarbeitunternehmen sind also bewilligungspflichtig. Die arbeitsrechtlichen Pflichten von Zeitarbeitunternehmen und Entleihern sind ähnlich dem deutschen Recht geregelt. Auch die Folgen bei der Ausübung der Zeitarbeit durch ein Zeitarbeitunternehmen ohne Bewilligung entsprechen dem deutschen Recht. Bei Entleihung eines Zeitarbeitnehmers von einem Zeitarbeitunternehmen ohne Bewilligung wird kraft Gesetzes ein Arbeitsverhältnis zwischen Zeitarbeitnehmer und Entleiher fingiert. Für das Arbeitsverhältnis des Zeitarbeitnehmers gelten aber einige Besonderheiten gegenüber dem deutschen Recht. So hat das Zeitarbeitunternehmen insbesondere dem Zeitarbeitnehmer mindestens den Lohn zu zahlen, der im Entleiherbetrieb tarifvertraglich gezahlt wird. Allerdings ist die Dauer der Überlassung desselben Zeitarbeitnehmers an denselben Entleiher zeitlich nicht begrenzt, sie kann aber durch eine Ministerverordnung im Einzelfall eingeschränkt werden.

In den Niederlanden beabsichtigt die Regierung, den gesetzgebenden Körperschaften im Sommer 1997 vorzuschlagen, die Erlaubnispflicht für die gewerbsmäßige Arbeitnehmerüberlassung abzuschaffen. Die Arbeitsbedingungen für die Leiharbeitnehmer sind im wesentlichen durch allgemeinverbindliche Tarifverträge geregelt. Derzeit besteht eine Erlaubnispflicht.

In Portugal benötigen Zeitarbeitunternehmen eine Verleiherlaubnis. Die Zeitarbeitunternehmen müssen ihre Zuverlässigkeit nachweisen und eine Kaution in Höhe von wenigstens 150 Mindestmonatslöhnen stellen. Zeitarbeitunternehmen und Entleiher haften gemeinsam für die Erfüllung der Arbeitgeberpflichten. Für die Entsendung von Zeitarbeitnehmern in das Ausland bestehen Sonderregelungen, insbesondere sind die Verträge bestimmten Behörden vorzulegen, die sie mit einem Sichtvermerk versehen.

In Schweden ist eine Erlaubnis zur Zeitarbeit nicht notwendig. Der Arbeitsvertrag mit dem Leiharbeitnehmer ist schriftlich abzuschließen. Er muß die Vergütung und andere Bedingungen des Arbeitsverhältnisses regeln. Verboten ist es, den Zeitarbeitnehmer, der zuvor bei einem anderen Arbeitgeber beschäftigt war, diesem Arbeitgeber vor dem Ablauf von sechs Monaten nach dem Ausscheiden des Zeitarbeitnehmers zu überlassen.

In Spanien ist die Zeitarbeit seit dem Jahr 1994 mit einer Erlaubnis zulässig, allerdings nur zu bestimmten Zwecken. Zum Zwecke des Ausgleichs eines ungewöhnlichen Arbeitsanfalls beträgt die höchstzulässige Überlassungsdauer des Zeitarbeitnehmers sechs Monate. Nimmt der Zeitarbeitnehmer Aufgaben auf einem Dauerarbeitsplatz des Entleihers wahr, beträgt die Überlassungsdauer höchstens drei Monate. Bei Verstoß gegen diese Fristen kommt ein unbefristetes Arbeitsverhältnis zwischen dem Zeitarbeitnehmer und dem Entleiher zustande. Alle Verträge zwischen den Beteiligten sind schriftlich abzuschließen. Arbeitnehmerüberlassung in bestreikte Entleiherbetriebe oder zu besonders gefährlichen Arbeiten ist verboten.

Peter Rauen

Private Zeitarbeitfirmen und der Staat als Arbeitsvermittler: Konkurrenten oder Partner?

Seit 1972 erlaubt das Arbeitnehmerüberlassungsgesetz (AÜG) allen Unternehmern, sich im Falle eines zusätzlichen Personalbedarfs für eine ganz bestimmte Dauer einen oder mehrere Mitarbeiter von bestimmten Unternehmen mit einer diesbezüglichen Verleiherlaubnis auszuleihen.

Sowohl die Zunahme dieser sogenannten Zeitarbeitfirmen wie auch die Zahl der Vermittlungen durch Zeitarbeitfirmen zeigt, daß Zeitarbeit für unseren Arbeitsmarkt in den letzten Jahren immer mehr an Bedeutung gewonnen hat.

Entwicklung der Zeitarbeit in Deutschland

Die Zeitarbeitbranche selbst hat in den vergangenen Jahren einen gehörigen Zuwachs zu verzeichnen. So hat sich die Zahl der Betriebe, die in diesem Bereich tätig sind, nach Angaben des Bundesverbandes Zeitarbeit (BZA) vom ersten Halbjahr 1995 bis zum ersten Halbjahr 1996 um 10,8 Prozent erhöht. In Zahlen ausgedrückt, ist die Anzahl in diesem Zeitraum von 3.289 auf 3.644 gestiegen.

Auch die Zahl der bei Zeitarbeitfirmen beschäftigten Arbeitnehmer hat in den vergangenen Jahren – besonders auch in den neuen Bundesländern – stetig zugenommen. Sie hat sich beispielsweise seit 1985 mehr als verdoppelt. Somit ist Zeitarbeit die mit Abstand am schnellsten wachsende Beschäftigungsform in Deutschland.

Nach Angaben des Bundesverbandes Zeitarbeit (BZA) waren Mitte letzten Jahres 149.290 Mitarbeiter in Zeitarbeitfirmen beschäftigt. Im Vergleich zum Vorjahr bedeutete dies eine Steigerung um 0,8 Prozent.

Im Vergleichszeitraum des Jahres 1995 hatte die Steigerungsrate allerdings noch rund 27 Prozent betragen. 1996 hat sich dieser Aufwärtstrend somit deutlich abgeschwächt, was vor allem durch die rückläufige Entwicklung in den alten Bundesländern hervorgerufen wurde.

Während in den neuen Bundesländern der starke Wachstumstrend der vergangenen Jahre mit 14.371 (+ 23,6 Prozent mehr als im Vorjahr) weiter anhielt, sank die Zahl der Zeitarbeitnehmer in den alten Bundesländern von 136.534 auf 134.919 (– 1,2 Prozent) gegenüber dem Vorjahr. Ein Grund hierfür liegt sicherlich darin, daß die schwierige Situation auf dem Arbeitsmarkt auch nicht spurlos an den Zeitarbeitfirmen vorbeigeht.

Der Grund für den dennoch vorhandenen weiteren Anstieg in den neuen Bundesländern liegt darin, daß sich auch in ostdeutschen Unternehmen zunehmend der Trend durchsetzt, Zeitarbeit nicht nur in der klassischen Form als Vertretung für Krankheit, Urlaub und Schwangerschaft, sondern vor allem auch als Flexibilisierungsinstrument für die Abarbeitung von Produktionsspitzen und die Bekämpfung steigender Personalkosten zu nutzen. Zeitarbeit wird auch hier zunehmend als moderne Form der Personalwirtschaft bewertet.

Ein Trend, der in den alten Bundesländern seit langer Zeit zu beobachten ist. Nach Untersuchungen des Instituts für Wirtschaft und Gesellschaft (IWG) in Bonn setzen die Entleihbetriebe heute Zeitarbeitskräfte in erster Linie dazu ein, um unvorhergesehene oder saisonale Auftragsüberhänge zu bewältigen (86 Prozent) (BZA, Personal-Dienstleister, November 1995).

Zeitarbeit als Brücke in den Arbeitsmarkt

Besonders erfreulich bei der Entwicklung der Zeitarbeit ist, daß sie in zunehmendem Maße für (Langzeit-) Arbeitslose zu einer echten Brücke in den Arbeitsmarkt wird. Durch Zeitarbeit entstehen nicht nur vorübergehende, auf die Dauer eines bestimmten Einsatzes beschränkte Arbeitsplätze, sondern Dauerarbeitsplätze, weil der Verleiher grundsätzlich verpflichtet ist, mit jedem Leiharbeitnehmer ein unbefristetes Arbeitsverhältnis einzugehen.

So heißt es beispielsweise im 8. Bericht der Bundesregierung über Erfahrungen bei der Anwendung des Arbeitnehmerüberlassungsgesetzes – AÜG – sowie über die Auswirkungen des Gesetzes zur Bekämpfung der illegalen Beschäftigung – BillBg: „Mehrere kurzfristige Beschäftigungsmöglichkeiten bei den jeweiligen Entleihern werden zu einem zusätzlichen neuen Arbeitsplatz gebündelt ... Die Arbeitnehmerüberlassung trägt daher mit ihren Möglichkeiten zur Wiedereingliederung von Arbeitslosen in das Erwerbsleben bei.“

Hierdurch wird Zeitarbeit natürlich in einer gewissen Weise zu einer Konkurrenz für die staatliche Arbeitsvermittlung und die staatliche Arbeitsmarktpolitik insgesamt.

Während beispielsweise nur ca. 20 Prozent der Teilnehmer an Arbeitsbeschaffungsmaßnahmen durch diese staatliche Förderung wieder den Sprung in den ersten Arbeitsmarkt schaffen, ist der Prozentsatz der Eingliederung von Arbeitslosen in „reguläre Beschäftigungsverhältnisse“ durch Zeitarbeitfirmen wesentlich höher.

Neben der Eingliederung in ein Dauerbeschäftigungsverhältnis bei einer Zeitarbeitfirma wechselt ein hoher Anteil der Zeitarbeitnehmer auch in eine Festanstellung bei der Entleiherfirma. Rund ein Drittel der

Zeitarbeitnehmer wechselt auf konventionelle Arbeitsplätze bei den Kundenbetrieben. Es ist daher nicht verwunderlich, daß Zeitarbeit mittlerweile von 18 Prozent der Firmen auch als neue Form einer risikolosen Erprobung neuer Mitarbeiter angesehen wird (BZA, Personal-Dienstleister, November 1995).

Die hohe Eingliederungsquote durch die Zeitarbeitfirmen ist besonders beachtlich, wenn man die durchschnittliche Belegschaft der Zeitarbeitfirmen näher analysiert: Nach Erhebungen des Bundesverbandes Zeitarbeit (BZA) waren über 60 Prozent der Zeitarbeitnehmer vorher ohne Beschäftigung, unter ihnen Langzeitarbeitslose, ältere Arbeitnehmer, Berufsrückkehrer, Ausländer und Berufseinsteiger. Jeder zehnte Zeitarbeitnehmer war vorher ein Jahr und länger ohne Beschäftigung. 42,9 Prozent waren bis zu einem Jahr arbeitslos, und 8,2 Prozent hatten vorher noch keine Beschäftigung.

Somit bietet die Zeitarbeit gerade Berufsanfängern und Problemgruppen, bei deren Vermittlung die staatliche Arbeitsvermittlung oft vor großen Problemen steht, eine große Chance auf einen Einstieg bzw. Wiedereinstieg ins Arbeitsleben.

Weiterhin bietet sie gerade für Berufseinsteiger und Berufsrückkehrer eine gute Möglichkeit, erste Erfahrungen in verschiedenen Bereichen und Branchen zu sammeln, sich weiterzubilden und zusätzliche Qualifikationen zu erwerben und nicht zuletzt auch die berufliche Orientierung zu erleichtern.

Dieser Gesichtspunkt spielt auch bei den Beweggründen der Arbeitnehmer für den Abschluß eines Zeitarbeitsverhältnisses eine entscheidende Rolle. Nach Aussage des Instituts für Wirtschaft und Gesellschaft (IWG) gehen 46 Prozent der Zeitarbeitnehmer unter anderem auch deshalb ein Zeitarbeitsverhältnis ein, weil sie sich durch unterschiedliche berufliche Tätigkeiten beruflich weiterqualifizieren können (BZA, Personal-Dienstleister, November 1995).

Zusätzliches Potential an Arbeitsplätzen

Welches Potential für die Schaffung neuer Arbeitsplätze in der Zeitarbeit liegt, macht auch der Vergleich mit anderen westlichen Industrienationen deutlich. Trotz des deutlichen Zuwachses bildet Deutschland hier immer noch mit einem Anteil von 0,6 Prozent von Zeitarbeitnehmern an allen Arbeitnehmern das Schlußlicht. Hierbei liegt der Anteil der Zeitarbeitnehmer in Westdeutschland mit 0,71 Prozent wesentlich höher als in Ostdeutschland mit 0,25 Prozent. Die regionalen Schwerpunkte liegen auf den Bundesländern Nordrhein-Westfalen und Bayern. Den geringsten Anteil der Zeitarbeitnehmer findet man in Brandenburg und Sachsen (8. Bericht der Bundesregierung über Erfahrungen bei der Anwendung des Arbeitnehmerüberlassungsgesetzes – AÜG – sowie über die Auswirkungen des Gesetzes zur Bekämpfung der illegalen Beschäftigung – BillBg).

Zum Vergleich: In Großbritannien liegt der Anteil der Arbeitnehmer von Zeitarbeitfirmen derzeit bei 1,4 Prozent, in Frankreich bei 1,3 Prozent, in den USA bei 1,8 Prozent und in den Niederlanden sogar bei 3 Prozent.

Wenn es uns gelingen würde, die Zahl der Zeitarbeitbeschäftigten durch eine Verdopplung auf 1,2 Prozent auf ein normales europäisches Niveau zu bringen, könnten 150.000 zusätzliche Arbeitsplätze in Deutschland geschaffen werden.

Um dieses Ziel zu erreichen, ist die im Rahmen des Arbeitsförderungs-Reformgesetzes stattgefundene Reform des Arbeitnehmerüberlassungsgesetzes, die zum 1. April 1997 in Kraft getreten ist, ein wichtiger Schritt.

Besonders die hierin geregelte Möglichkeit der Verlängerung der Überlassungsdauer des Leiharbeiters an denselben Entleiher von neun auf zwölf Monate sowie die Erleichterung der Arbeitnehmerüberlassung unter Kollegenbetrieben mit einer Beschäftigungszahl von bis zu 50 Mitarbeitern und einer Dauer von bis zu zwölf Monaten sind wichtige Signale für die Einstellung eines zusätzlichen Zeitarbeitnehmers.

Dies gilt ebenso beispielsweise auch für die einmalige Zulassung befristeter Arbeitsverträge und die wiederholte Zulassung befristeter Arbeitsverträge, wenn sie unmittelbar an einen Arbeitsvertrag mit dem Verleiher anschließen, sowie die Ermöglichung des Einsatzes des Leiharbeitnehmers beim selben Entleiher zeitgleich mit der Dauer des ersten Arbeitsverhältnisses und die einmalige Möglichkeit, den Leiharbeiter nach einer Kündigung ohne Beachtung von Fristen wieder einzustellen.

Diese Neuregelungen sind darauf ausgerichtet, ohne Einschränkungen des sozialen Schutzes der Leiharbeitnehmer, die Möglichkeiten der Arbeitnehmerüberlassung als modernes Instrument für einen flexiblen Arbeitskräfteeinsatz zu erleichtern.

Hierdurch könnten auch zusätzliche Arbeitsplätze im Mittelstand geschaffen werden. Obwohl Zeitarbeitnehmer bisher stärker von Großunternehmen eingesetzt werden, enthält Zeitarbeit gerade für kleine und mittlere Betriebe eine gute Möglichkeit, saisonale Mehrarbeit sowie Produktionsspitzen statt wie bisher durch Überstunden der Stammbelegschaft verstärkt durch befristete Neueinstellungen zu bewältigen.

Der mittelständische Unternehmer, Handwerksmeister, Einzelhändler oder Freiberufler wird nur zusätzliches Personal einstellen, wenn er weiß, daß er dieses auch auf Dauer bezahlen kann.

Wenn aber für einen überschaubaren Zeitraum verstärkt problemlos befristete Einstellungen von Zeitarbeitnehmern möglich sind, sinkt die Schwelle für Neueinstellungen. Statt in Zeiten voller Auftragsbücher Überstunden anzuordnen, für die Zuschläge gezahlt werden müssen, werden auch mittelständische Unternehmer vermehrt Zeitarbeitnehmer einstellen und zusätzliche Arbeitsplätze schaffen.

Zeitarbeit als Antwort auf eine flexible Arbeitswelt

Die Reform des Arbeitnehmerüberlassungsgesetzes wie auch die Zeitarbeit selbst entsprechen weiterhin dem Bedarf einer zunehmenden Flexibilisierung des Arbeitsmarktes.

Unsere Arbeitswelt ist gekennzeichnet durch ein zunehmendes Maß an Flexibilisierung. Das früher typische Beispiel eines Arbeiters, der in dem Betrieb, in dem schon sein Vater arbeitete, seine Lehre macht, sein ganzes Leben arbeitet und dort auch in Rente geht, wird zunehmend seltener.

Ob wir wollen oder nicht, wir werden uns mit der Tatsache anfreunden müssen, daß wir in unserem Arbeitsleben in verschiedenen Unternehmen und sogar in verschiedenen Branchen und Berufen arbeiten.

Der verschärfte Wettbewerb, die zunehmende Globalisierung der Märkte und der immer schnellere Wandel von Produktionstechniken und Arbeitsweisen sprechen dafür, daß sich diese Tendenz noch verschärfen wird, da hierdurch auch der Trend zu Fusionen, zu innerbetrieblichen Umstrukturierungen und anderen betrieblichen Maßnahmen zunehmen wird, die einen flexiblen Personaleinsatz voraussetzen.

Mit Hilfe von Zeitarbeitfirmen kann dieser Bedarf naturgemäß besser gedeckt werden, da diese in diesen Fällen häufig nahtlos mit qualifiziertem Personal einspringen können.

Die staatlichen Arbeitsvermittlungen hingegen, die in der Regel weniger flexibel und auf eine langfristige Anstellung im gleichen Betrieb ausgerichtet sind, können diesen Bedarf meist nicht abdecken.

Zeitarbeit wird damit immer mehr zu einem ganz normalen Beschäftigungsverhältnis werden. Hierdurch werden zwangsläufig auch die häufig sowohl bei Arbeitgebern wie auch bei Arbeitnehmern noch bestehenden Vorurteile gegenüber Zeitarbeitfirmen und

Zeitarbeitnehmern abgebaut. Die allgemeine Akzeptanz bei Betrieben und Beschäftigten wird zunehmend steigen.

Die Akzeptanz der Zeitarbeit wird auch dadurch gesteigert, daß in immer größerem Maße auch Arbeitnehmer mit solider beruflicher Qualifikation und Führungskräfte hierüber vermittelt werden. Hierin liegt vor allem auch für kleine und mittlere Betriebe, die nicht für jedes im Betrieb auftretende Problem eine eigene Abteilung haben, eine große Chance zur betriebsinternen Bewältigung von plötzlich auftretenden Problemen sowie Umstrukturierungs- und Modernisierungsmaßnahmen.

Ein mittelständisches Unternehmen, welches sich keine eigene Computerabteilung leisten kann, erhält beispielsweise auf diese Weise die Möglichkeit, die Umrüstung auf ein neues Computerprogramm durch einen internen Computerfachmann betreuen zu können.

Nur 12 Prozent der Beschäftigten bei Zeitarbeitfirmen sind ungelernte Arbeitnehmer. 46 Prozent haben eine Facharbeiter- oder Handwerkerausbildung. 22 Prozent haben eine kaufmännische Ausbildung, 11 Prozent eine Meister-, Techniker- oder Fachwirtausbildung und 8 Prozent einen Hochschulabschluß (BZA, Personal-Dienstleister, November 1995).

Ein Problem der Zeitarbeit war bisher die geringere Bezahlung der Zeitarbeitnehmer gegenüber der Stammbelegschaft. Aber die Akzeptanz hierfür wird dadurch steigen, daß unterschiedliche Bezahlung von Mitarbeitern mit vergleichbarer Tätigkeit in einem Betrieb ohnehin zunehmen wird. Die Diskussion um Einstiegstarife für Langzeitarbeitslose, um die Schaffung neuer Tarifgruppen im Baugewerbe oder die Zahlung von Lohnkostenzuschüssen für Existenzgründer macht dies deutlich.

In diesem Zusammenhang sei erwähnt, daß wir die häufig verbreitete Arroganz gegenüber bestimmten Berufsgruppen und Arbeitsverhältnissen in unserer Arbeitswelt ohnehin aufgeben müssen.

In den letzten Jahrzehnten hat sich im Zuge der Kampagne „Bildung für alle – jeder soll sein Abitur haben“ bei uns ein Bewußtsein eingeschlichen, nach dem beispielsweise der körperlich arbeitende Mensch angeblich weniger wert ist als der Akademiker. Genauso unsinnig wie diese Annahme ist die Annahme, daß ein dauerhafter Job in einem bestimmten Betrieb mehr wert ist als der Job bei einer Zeitarbeitfirma.

Die zunehmende Flexibilisierung der Arbeitswelt wird dazu führen, daß eine große Anzahl verschiedener Arbeitsverhältnisse und Arbeitsformen gleichberechtigt nebeneinander bestehen werden. Zeitarbeit, Teleworking, Teilzeit, Outsourcing etc. werden zunehmend genauso selbstverständlich sein wie der klassische Dauer- und Vollzeitarbeitsplatz.

Keine Konkurrenz, sondern eine Ergänzung

Bezüglich der Ausgangsfrage, ob sich Zeitarbeit zu einer Konkurrenz für die private Arbeitsvermittlung entwickelt, ist festzuhalten, daß die private Arbeitsvermittlung durch die in der Reform des Arbeitnehmerüberlassungsgesetzes beschlossene Aufhebung des Alleinvermittlungsrechts der Bundesanstalt für Arbeit in jeglicher Form an Umfang gewinnt.

Dies gilt aber nicht nur für die Zeitarbeit. Auch die privaten Arbeitsvermittler haben im vergangenen Jahr 30.000 Arbeitsplätze vermittelt. Dies bedeutet nach Aussage des Bundesverbandes Personalvermittlung (BPV) gegenüber 1995 eine Steigerung von 40 Prozent.

Entscheidend für die Zunahme der Zeitarbeit ist auch, daß das ramponierte Image der Zeitarbeitfirmen und Zeitarbeitnehmer bei der Wirtschaft abnimmt. Selbst Weltfirmen wie VW denken laut über die Gründung einer Zeitarbeitfirma nach. Zeitarbeitnehmer werden somit zunehmend nicht mehr als Arbeitnehmer zweiter Klasse, sondern als gleichwertig angesehen.

Der Arbeitsplatz bei einer Zeitarbeitfirma wird somit langsam zu einem „ganz normalen“ Arbeitsplatz.

Diesem Umstand tragen auch die neuere Rechtsprechung und die Reform des Arbeitnehmerüberlassungsgesetzes Rechnung. So dürfen Arbeitslose einen vom Arbeitsamt bei einem Zeitarbeitunternehmen angebotenen Arbeitsplatz als Zeitarbeitnehmer grundsätzlich nicht ausschlagen, sondern müssen gegebenenfalls mit einer vorübergehenden Sperre des Arbeitslosengeldes rechnen.

Die Vermittlung in eine Stelle bei einem Zeitarbeitunternehmen stelle keinen wichtigen Grund dar im Sinne von § 119 Abs. 1 FAG für die Ablehnung der angebotenen Tätigkeit (LSG Celle v. 30. 5. 95 – Az: L/Ar 322/93).

Weiterhin wurde in § 1 AÜG der Begriff der Arbeitnehmerüberlassung neu festgelegt. Die bisherige negative Definition mit der Abgrenzung zur Arbeitsvermittlung entfällt.

Zeitarbeit tritt dennoch nicht in Konkurrenz zur staatlichen Arbeitsvermittlung, da Art und Ausrichtung der Vermittlung ganz anders gelagert sind.

Bei Zeitarbeitfirmen finden vor allem drei Kategorien von Arbeitnehmern Arbeit: Hierzu gehören Arbeitnehmer, die trotz ihrer oft guten beruflichen Qualifikation aus Gründen des Alters, mangelnder Berufserfahrung etc. von der staatlichen Arbeitsvermittlung in der Regel nur schwer vermittelt werden können und ansonsten in die Arbeitslosigkeit geschickt würden. Weiterhin gehören hierzu Arbeitnehmer, die Abwechslung in ihrem Berufsleben suchen und/oder Erfahrungen in einem bestimmten Tätigkeitsbereich sammeln wollen.

Ersteren wird die Möglichkeit gegeben, in einem Unternehmen ihre Leistungsfähigkeit und ihre Qualifikation unter Beweis zu stellen, um in der Arbeitswelt wieder Fuß zu fassen, die ihnen durch die staatliche Arbeitsvermittlung oft nicht gegeben werden könnte. Somit leistet Zeitarbeit einen wichtigen Beitrag zum Abbau der Arbeitslosigkeit.

Anderen bietet sie die Möglichkeit, zusätzliche praktische Erfahrungen zu sammeln, die den Ein- bzw. Umstieg in einen bestimmten Beruf erleichtern. Eine Möglichkeit, die von der staatlichen Arbeitsvermittlung nicht oder nur im Zuge einer Umschulung und spezieller Programme zur beruflichen Fortbildung wahrgenommen werden kann.

Genauso wie durch die Flexibilisierung zunehmend unterschiedliche Arbeitsformen und Arbeitsverhältnisse unseren Arbeitsmarkt kennzeichnen werden,

werden auch zunehmend unterschiedliche Formen der Arbeitsvermittlung nebeneinander bestehen.

Dies ist aber im Falle der Zeitarbeitsvermittlung nicht als Konkurrenz, sondern als zusätzliches Angebot für einen bestimmten Bedarf zu sehen. Die staatliche Arbeitsvermittlung ist durch die Angebote der privaten Arbeitsvermittlung in jeglicher Form nicht eingeschränkt, sondern ergänzt worden. Die privaten Formen sind als ein zusätzliches Angebot für einen zusätzlichen Bedarf geschaffen worden.

Auch von seiten der Entleiher wird Zeitarbeit keineswegs als Konkurrenz zur staatlichen Arbeitsvermittlung angesehen. Nach den bereits zitierten Ergebnissen der Untersuchung des Instituts für Wirtschaft und Gesellschaft (IWG) leistet Zeitarbeit auch in den Augen der Entleiher einen wichtigen Beitrag zur Bewältigung von Engpaßsituationen und sorgt somit für Kontinuität. Sie ist aber hiernach nur selten Bestandteil einer längerfristig ausgerichteten Personalpolitik (8. Bericht der Bundesregierung über Erfahrungen bei der Anwendung des Arbeitnehmerüberlassungsgesetzes – AÜG – sowie über die Auswirkungen des Gesetzes zur Bekämpfung der illegalen Beschäftigung – BillBg).

Hinzu kommt, daß die Einsatzmöglichkeiten von Zeitarbeitnehmern begrenzt sind. Diese sind in der Regel vor allem im verarbeitenden Gewerbe und in technischen Berufen für standardisierte Tätigkeiten und weniger für Spezialaufgaben einsetzbar. Letztere bleiben weiterhin der Stammbelegschaft vorbehalten.

Die Unternehmen wenden sich folglich in der Regel bei langfristigem Personalbedarf und bei Arbeiten, die eine lange Einarbeitungszeit und Spezialkenntnisse voraussetzen, weiterhin an die staatliche Arbeitsvermittlung und bei zeitlich begrenztem Personalbedarf für Arbeiten ohne lange Einarbeitung an Zeitarbeitfirmen. Somit ist hierin kaum eine Konkurrenzsituation zu sehen.

Das oberste Ziel der Arbeitsvermittlung sollte sein, so vielen Arbeitnehmern wie möglich einen Arbeitsplatz auf dem ersten Arbeitsmarkt zur Verfügung stellen zu können. Hierzu ist es notwendig, schnell und flexibel auf die Bedürfnisse des Arbeitsmarktes eingehen zu können. Staatliche Arbeitsvermittlung und private Zeitarbeitfirmen sollten hierbei nicht als Konkurrenten, sondern als Partner angesehen werden.

Bei über 4 Millionen Arbeitslosen sollten alle Möglichkeiten zu deren Vermittlung in den Arbeitsmarkt genutzt werden, hierbei sollte es zunächst keine Rolle spielen, ob diese staatlich oder privat sind. Im Gegenteil, staatliche und private Arbeitsvermittlung sollten ihre Zusammenarbeit verstärken, um die Angebote des Arbeitsmarktes optimal nutzen zu können.

Diethelm Bender

„Perfect Match": Personalauswahl mit System, auf der Basis der Manpower-Qualitätssicherung

„Wir begreifen auch den Zeitmitarbeiter als Personalressource, die wir weiter entwickeln können. Das heißt, wir wollen den Menschen, während er bei uns beschäftigt ist, systematisch weiter qualifizieren und ihn damit in die Lage versetzen, auch anspruchsvollere Aufgaben zu erfüllen, als das vor seinem Eintritt bei Manpower möglich gewesen wäre." Dieser von Jörg Stehr (Mitglied der Geschäftsleitung und Leiter Organisation) formulierte Grundsatz bildet den Ausgangspunkt der Personalarbeit im Hause Manpower. Er ist die Garantie dafür, daß in unserer schnellebigen Zeit sich anbahnende Entwicklungen rechtzeitig aufgegriffen und auch die Zeitmitarbeiter des Unternehmens sorgfältig darauf vorbereitet werden.

Es gibt kaum ein Thema, bei dem fast alle Teile unserer Gesellschaft eine so nahezu deckungsgleiche Übereinstimmung erzielen wie bei der Weiterbildung der Menschen in der Arbeitswelt. Dabei herrscht aber auch Einigkeit darüber, daß trotz der anerkannten Bedeutung dieses Bereichs die gebotenen Trainingsmöglichkeiten den anstehenden Bedarf bei weitem nicht bedienen können. Um so mehr Beachtung sollte jenen Unternehmen zukommen, die in diesem Rahmen Vorbildliches leisten. Der Einsatz von auftragsgenau vorgebildetem Zeitpersonal kann, bildlich gesprochen, beinahe wie ein Frühbeet wirken, aus dem viele Gärten Nutzen ziehen.

Neue Dienstleistungen

Seit dem 1. Januar 1997 bietet Manpower seinen Kunden neue Dienstleistungen an. Diese Angebote richten sich vor allem an Unternehmen auf dem weiten Feld der Informationstechnologie, wie IBM, Hewlett Packard, Digital Equipment, Debis und andere. Der neuen Initiative liegen Erfahrungen aus dem US-Markt zugrunde, der sich in zukunftsweisenden Wirtschaftsbereichen häufig als eine Art Vorläufer für europäische und insbesondere deutsche Wirtschaftsentwicklungen erwiesen hat. So läßt es aufhorchen, wenn der Bereich Informationstechnologie in den USA 1996 ein Wachstum von 35 Prozent nachweisen kann, während das sonstige Umsatzwachstum der amerikanischen Industrie etwa 10 Prozent erreichte. „Wir sind davon überzeugt, daß sich dieser Markt auch in Deutschland entsprechend überdurchschnittlich entwickeln wird“, betont Jörg Stehr, „zumal wir es ja auch bei uns mit global agierenden Unternehmen zu tun haben, die hierzulande die gleiche Personalressourcen-Politik verfolgen wie in den USA.“

Deshalb hat Manpower an mehreren Standorten gleichzeitig begonnen, Schwerpunkte für Personaldienstleistungen in der Informationstechnologie zu setzen. Das geschah in Berlin, Düsseldorf, Erfurt, Frankfurt am Main, Hamburg, München und Stuttgart. Zu den Aufgabenbereichen im Rahmen dieser Technologie gehört

Linguaskill-Startbildschirm. Mit diesem Testverfahren können Fremdsprachenkenntnisse sehr intensiv auch auf ihre Praxisnähe geprüft werden.

vor allem die Installation und die Arbeit mit Personalcomputern bei Großkunden. Die Hersteller haben dafür in der Regel zu wenig Personal und auch nicht die Absicht, dieses Segment auszuweiten, so daß sich entsprechend ausgewiesene Personaldienstleister wie Manpower für den jeweiligen Hersteller als Unterstützung in der praktischen Anwendung anbieten.

Ähnliches gilt für die Informations- und Notrufzentren von Software-Produzenten, die z. B. Personalengpässe in ihren Call Centers überwinden müssen. Denn mit der Anzahl der Nutzer wächst auch die

Zahl der Servicesuchenden. Da Manpower bereits seit Mitte 1995 den Service für EDV-Personal vorbereitet und ständig ausgeweitet hatte, war man 1997 dann in der Lage, diesen Dienst sozusagen flächendeckend anzubieten. Manpower-Mitarbeiter werden bereits heute laufend in zwei großen EDV-Servicezentren eingesetzt, deren Prinzip inzwischen auch in anderen Branchen Anwendung findet. Solche Kundeninformation wird mittlerweile auf vielen Gebieten, in denen das elektronische Zeitalter von den Produktnutzern Sonderkenntnisse verlangt, fast zu einer eigenen Branche.

Linguaskill-Einführung für den Teilnehmer. Die englische Fassung dieses Tests wurde gemeinsam mit der Universität Cambridge entwickelt.

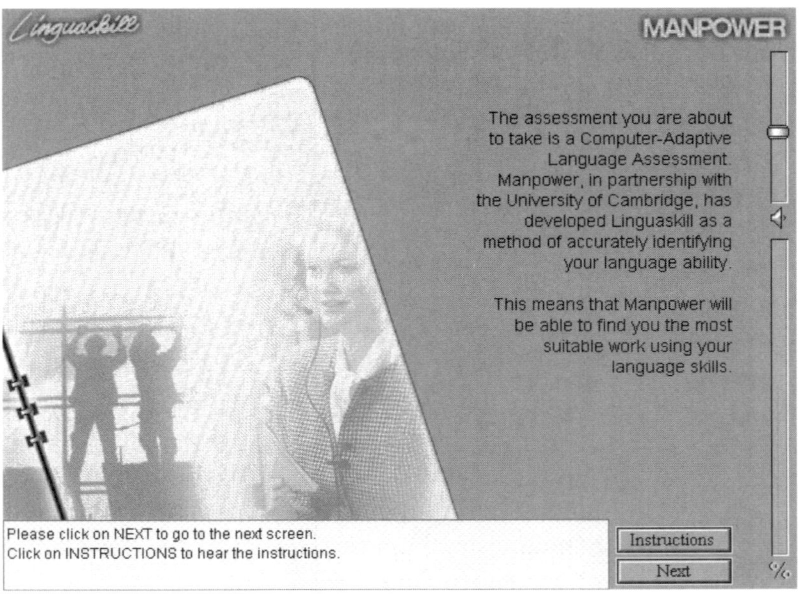

Daß dabei selbst Hersteller von Weltformat nicht immer ausreichend geschultes Personal zur Verfügung haben, zeigen auch die Erfahrungen, die bei der breitgestreuten Installation von EDV-Geräten gewonnen wurden. Dort, wo zum Beispiel Großfirmen ihre Niederlassungen mit neuem EDV-Equipment versehen, wird immer wieder regionale Unterstützung benötigt. Für solche Einsätze ist Manpower gewappnet, gelegentlich sogar „auf Abruf".

Mitarbeiter für solche Einsätze erhalten entsprechend eine einsatzgerechte Schulung, bei der sich die neueren Schulungssysteme als besonders nützlich erwiesen haben. Mit den zusätzlich in der Einsatzpraxis gewonnenen Erkenntnissen sind Manpower-Mitarbeiter dann in der Lage, auch übergeordnete Positionen im Unternehmen auszufüllen. Das heißt, es ergeben sich für Zeitmitarbeiter sogar interessante Karrieremöglichkeiten. Werden z. B. in einem Call Center Gruppenleiter für jeweils vier bis sechs Call Agents (Telefonservice-Mitarbeiter) gesucht, dann kann das auch eine Chance für Manpower-Personal sein. Selbst Projektführungs- und Abteilungsleiter-Funktionen sind bereits von Manpower-Mitarbeitern übernommen worden.

Gelegentlich erkundigen sich Firmen, die gutausgebildete Manpower-Mitarbeiter kennengelernt haben, ob deren Schulungsmaßnahmen auch für ihre eigene Belegschaft zur Verfügung stehen. Auf diese Weise sind sogar Manpower-Abteilungsleiter für Schulungsmaßnahmen des Kunden eingesprungen. „In einem Training, das faßbare Inhalte hat, d. h. praxisrelevant ist, sehen wir die beste Möglichkeit, um Leute fit zu machen, und wir schaffen das durchschnittlich in eineinhalb Tagen, um für ein Programm die notwendigen Kenntnisse zu vermitteln", betonen die Fachleute von Manpower.

Die Zukunft im Blick

Das neue multimediale Trainingsprogramm „Qualitiplus" – eine CD-ROM-Schulung für Arbeitsabläufe und -verhalten – soll anspruchsvollere Einsätze unterstützen. Erste Ergebnisse sind vielversprechend.

Der Sekretärin am neuen Arbeitsplatz wird z. B. gezeigt, wie sie mit Telefonlisten, Pausenregelungen und anderen innerbetrieblichen Einrichtungen ihres Auftraggebers effektiver zurechtkommen kann. Dabei sieht das Programm auch Unterbrechungen vor, welche die Teilnehmerin oder der Teilnehmer nutzen soll, um Trainingsfragen schriftlich zu beantworten. Das Verfahren dient nicht zuletzt der Selbstkontrolle, ob und inwiefern die angestrebte Kommunikation im gewünschten Maße zustande kommt.

Dieses neue Programm soll alle Serviceleistungen, also auch die per Telefon, verbessern. Es will Ungeschicklichkeiten und Fehler vermeiden helfen. Es soll aber auch dem Mitarbeiter vor Ort größere Selbstsicherheit vermitteln.

Ebenfalls mit Computerhilfe arbeitet ein Multimedia-Verfahren für „Hygiene und Sicherheit" in der Nahrungs- und Genußmittelindustrie sowie für Arbeitssicherheit in der Industrie. Die Testperson soll 20 Abbildungen prüfen und daraufhin bewerten, ob die dargestellten Informationen den Hygiene- und Sicherheitsvorschriften entsprechen. Nach Abschluß der Fragesektion werden die Antworten mit dem jeweiligen Teilnehmer diskutiert. Mit diesem Verfahren soll ihm Gelegenheit gegeben werden, seine Stellungnahme zu begründen, aber auch Korrekturen zur Kenntnis zu nehmen. Zum Abschluß erhält jeder Absolvent einen auf seinen Arbeitsbereich zugeschnittenen Leitfaden.

Als Tätigkeitsschwerpunkt der Zukunft und als neues attraktives Feld im internationalen Arbeitsmarkt wird zunehmend die Telearbeit erkannt. Intern beschäftigt deshalb das Haus inzwischen einige seiner Stammitarbeiter als Teleworker. Im Sinne der Zukunftssicherung wird dabei bereits jetzt an die „Nebenwirkungen" gedacht, die für Tätigkeiten am Arbeitsplatz im eigenen Heim nicht ausgeschlossen werden können. Dabei spielt in der öffentlichen Diskussion schon seit einiger Zeit ein möglicher „Verlust an sozialen Kontakten" eine Rolle. Im Hinblick auf die wachsende Zahl selbständig Berufstätiger läßt sich freilich leicht erkennen, daß hier vor allem jene Personen der Hilfe bedürfen, die ohnedies wenig kontaktfreudig oder zumindest zurückhaltend sind. Deshalb wurden von vorausschauenden Manpower-Führungskräften auch sozial wirksame Organisationen, wie Kirchen oder Gewerkschaften, ins Spiel gebracht. Gerade an diesem Punkt erscheint es jedoch denkbar, daß sich im Arbeitsmarkt der Zukunft ganz neue Tätigkeitsfelder bilden. Hierbei wäre zum Beispiel an die Bereitstellung von Kontaktzentren für Telemitarbeiter zu denken. Dieser neue Aspekt stellt sich nach den Beobachtungen der Manpower-Organisation bei einzelnen Testverfahren von Land zu Land unterschiedlich dar.

„Perfect Match“ – der Manpower-Erfolgsfaktor

Die individuelle und zielgenaue Beurteilung des einzelnen und ein daraus resultierendes Einsatztraining bilden die Grundlage für die Disposition der Manpower-Zeitmitarbeiter. Das gehört zur Basis des „Perfect Match“, eines Prinzips, das die Zielrichtung der Dienstleistungen von Manpower vorgibt. Es kommt weltweit in 2.500 Büros in 41 Ländern und bei mehr als 1,5 Millionen Beschäftigungsverhältnissen zum Tragen, die in ein perfektes Zusammenspiel integriert werden. In der Praxis heißt das: Anforderung und Leistung sind aufeinander abzustimmen. Dem Wunsch des Auftragsunternehmens muß die Leistungsfähigkeit des Mitarbeiters oder der Mitarbeiterin entsprechen, die ihm zur Verfügung gestellt wird.

Das für die Auswahl genutzte System nennt sich „PPS: Predictable Performance System“. Mit seiner Hilfe können sowohl der Kundenwunsch als auch die Mitarbeiterleistung transparent gemacht werden. Ein Kunde, der bei Manpower einen oder mehrere Mitarbeiter abrufen will, erhält zunächst den Besuch eines Abteilungsleiters des Zeitarbeitunternehmens, der den Arbeitsplatz in Augenschein nimmt und die Arbeitsabläufe und Arbeitsmittel beobachtet, mit denen gearbeitet werden soll. Nach sorgfältiger Aufbereitung seiner persönlichen Aufzeichnungen hält der Manpower-Abteilungsleiter die Ergebnisse der Arbeitsplatzbesichtigung in einem Protokoll fest und entwirft ein Profil des Kunden sowie eine Aufgabenbeschreibung, für die danach der entsprechende Mitarbeiter bzw. die Mitarbeiterin zu finden sind.

Der Interview-Leitfaden

Da mit den Bewerbern, welche die Manpower-Niederlassungen jeweils nach Voranmeldung aufsuchen, nicht nur Gespräche, sondern auch Testverfahren durchgeführt werden, verfügen die einzelnen Niederlassungen über individuelle Kenntnisse der für sie in

Frage kommenden Mitarbeiter. Der Interview-Leitfaden, der den Manpower-Disponenten dabei behilflich ist, erkundigt sich z. B. auch danach, welche Einsätze der Betreffende am liebsten macht, ob er gern im Team arbeitet, ob er eine zeitlich befristete oder eine längere Beschäftigung sucht.

Gleichzeitig geht der Interview-Leitfaden ausführlich auf die Berufserfahrung des Bewerbers ein, fragt nach den Gründen eventueller Stellenwechsel, nach Stärken und Schwächen, nach der Bereitschaft, Verantwortung zu übernehmen, ebenso wie nach Hobbys und Freizeitwünschen. Außerdem werden in dem Gespräch mit dem Manpower-Disponenten – neben den persönlichen Daten und den erstrebten Arbeitseinsätzen – auch persönliche Qualitäten zu ermitteln versucht. Das heißt, der Interviewer bringt auch seine Eindrücke darüber zu Papier, ob sich sein Gesprächspartner mehr oder weniger kooperativ gezeigt hat, ob er selbstbewußt oder entspannt, anpassungsfähig, offen oder zurückhaltend wirkte. Ferner hat der Bewerber die Möglichkeit, in einem weiteren Fragebogen seine Kenntnisse und Fähigkeiten anzukreuzen. In diesem Zusammenhang hat es sich als ganz besonders nützlich erwiesen, daß den befragten Personen damit die Gelegenheit geboten wird, ihre persönliche Einstellung zu ihrer eigenen Berufsarbeit zum Ausdruck zu bringen, ob sie sie nämlich gern, gleichgültig oder weniger gern ausüben.

Das Ergebnis dieser Befragungen entscheidet über die Einsatzmöglichkeiten des Bewerbers. Selbst wenn er nicht unmittelbar einem neuen Kundenauftrag zugeordnet werden kann, sondern zunächst als Nachfrager nach Zeitarbeit vermerkt wird, sind für ihn Qualifizierungsmaßnahmen vorgesehen.

In jedem Fall wird im Manpower-Büro ein Mitarbeiterprofil angefertigt, das entweder dem aktuellen Kundenauftrag entspricht, für den auch die Qualifizierung vorgenommen wurde, oder aber den Bewerber in eine Warteliste aufnimmt.

Microsoft Access 2.0 Skillware-Einführung

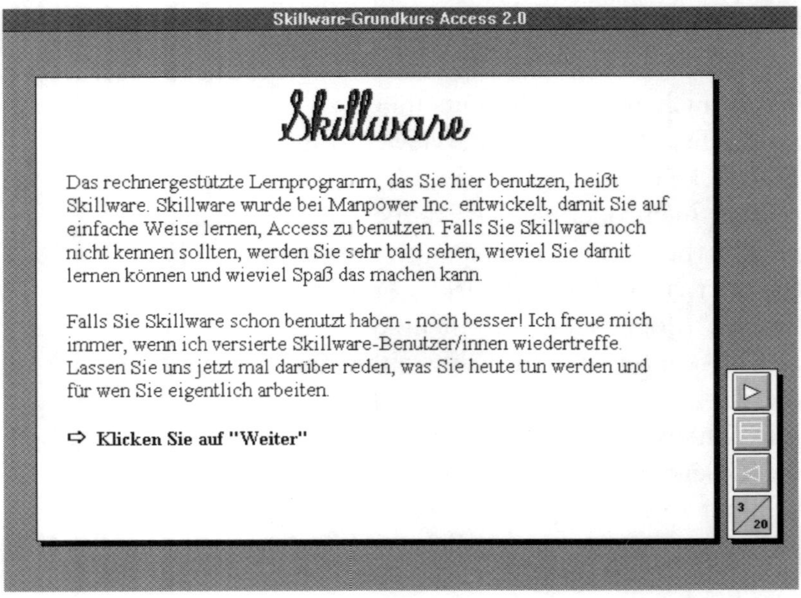

Auf diese Weise können das Anforderungsprofil des Kunden und das Qualifikationsprofil des Mitarbeiters in Übereinstimmung gebracht werden. Das Ergebnis ist dann das beschriebene „Perfect Match", wofür Manpower als erstes deutsches Zeitarbeitunternehmen das Qualifizierungszertifikat ISO 9001 erhalten hat. Mit diesem Gütesiegel für Personaldienstleistungen ist das Unternehmen auf dem deutschen Markt konkurrenzlos. Es kommt noch hinzu, daß auch der Kunde einen Fragebogen erhält, mit dem er auf Wunsch sowohl die Qualität des ihm überstellten Mitarbeiters als auch den Service der Manpower-Niederlassung beurteilen kann.

Microsoft Access 2.0 Skillware-Grundkurs – Übersichtsmenü

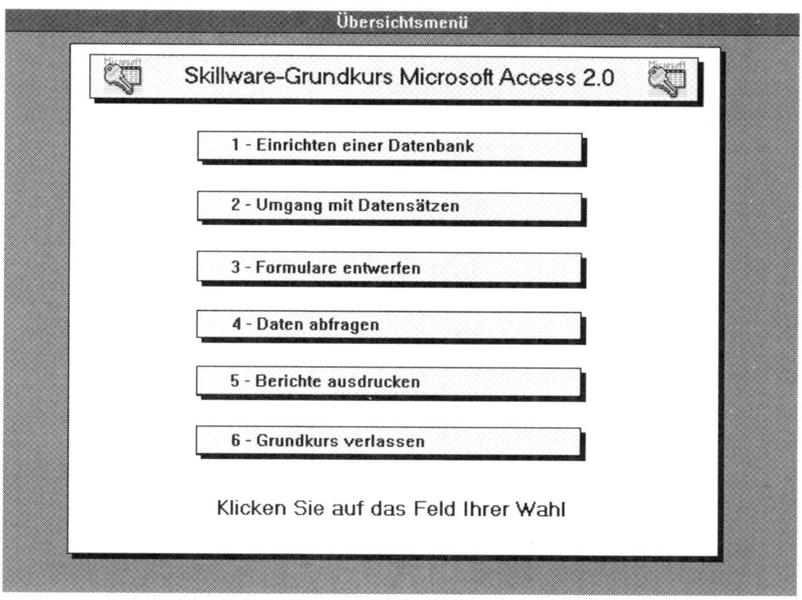

Weitere einsatzbegleitende Qualitätssicherungs-Instrumente garantiert darüber hinaus das Manpower-Qualitätsmanagement.

An erster Stelle sind die Schulungen für neue Mitarbeiter zu nennen, die kostenlos durchgeführt werden. Es handelt sich um ein Grundtraining, in dem zunächst nur das Verständnis für den Umgang mit Personalcomputern geschult wird. Hierzu gibt ein Anwender-Handbuch Hilfestellung, das sich durch Verständlichkeit auszeichnet und sich so positiv von den oft schwerverständlichen Bedienungsanleitungen der Hersteller abhebt.

Microsoft Access 2.0 Schulungsbildschirm

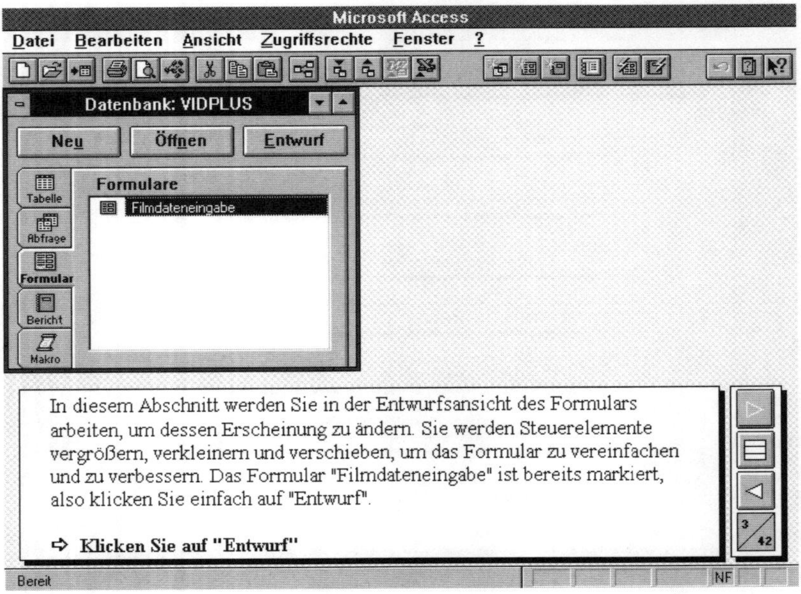

Skillware

Falls ein Kunde konkrete Vorgaben hat, etwa, daß der gesuchte Mitarbeiter das Programm „Power Point“ beherrschen soll, die dafür bei Manpower zur Verfügung stehenden Mitarbeiterinnen jedoch diese Anforderung noch nicht erfüllen können, wird das von Manpower entwickelte internationale Schulungsprogramm „Skillware“ angewendet. Es vermittelt fundierte und praxisorientierte Kenntnisse für die großen Bereiche Textverarbeitung, Tabellenkalkulation, Graphik und Datenbank auf allen gängigen Systemen.

Microsoft Access 2.0 Schulungsbildschirm

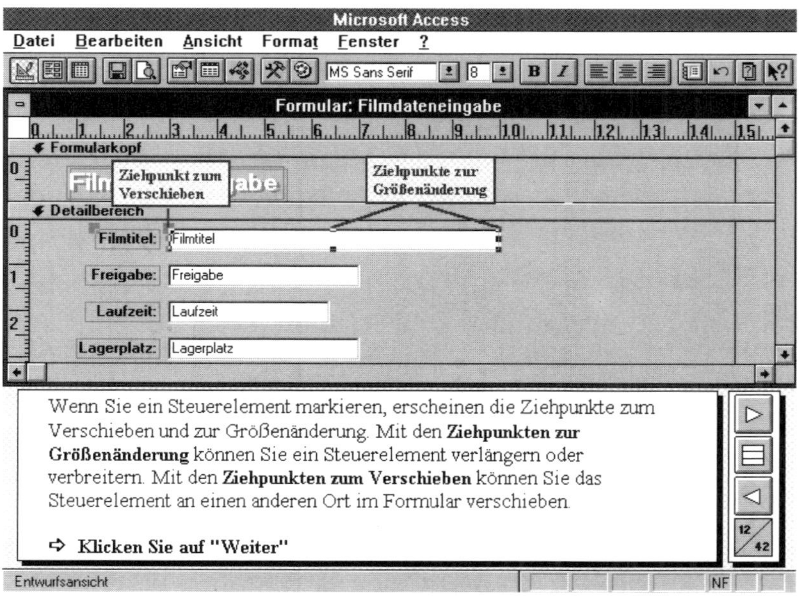

Auf diesem Wege können Bewerber und Mitarbeiter auf Power Point eingeschult werden, sollte der Kunde diese Anforderung stellen.

Die betreffenden Personen werden dann für einen Tag auf Kosten des Hauses in die jeweils zuständige Manpower-Niederlassung zur Schulung eingeladen. Das gleiche Verfahren gilt auch für andere PC-Spezialprogramme.

Die Qualifizierungsformen für Manpower-Mitarbeiter sind in drei Stufen gegliedert:

- Bewerber können, bevor sie Manpower-Mitarbeiter werden, mit Hilfe von Skillware ihre PC-Defizite aufarbeiten.
- Wenn sie bereits als Manpower-Mitarbeiter engagiert sind, werden sie entsprechend den Kundenwünschen mit Skillware kostenlos qualifiziert.
- Falls ein Manpower-Mitarbeiter nach Ablauf eines Kundeneinsatzes nicht sofort einen Anschlußauftrag erhalten kann, wird er ebenfalls weiter qualifiziert und mit Programmen vertraut gemacht, die ihm bisher fremd waren, aber bei den Kundenwünschen häufiger auftauchen.

Für jede erfolgreich abgeschlossene Schulung stellt Manpower ein Zertifikat aus.

In diesem Zusammenhang ist es nicht uninteressant zu wissen, daß Manpower USA insgesamt über 250 verschiedene Anwenderprogramme verfügt, für die Skillware-Schulungen entwickelt wurden. „In Deutschland gibt es gegenwärtig bei unseren Wettbewerbern keine vergleichbaren Programme", weiß man im Hause Manpower, obwohl hierzulande erst etwa ein Dutzend Anwendungsprogramme für Skillware aufbereitet wurden, da im deutschen Markt weniger unterschiedliche Software zum Einsatz gelangt. Hier konzentrieren sich die Anwender im wesentlichen auf Software aus den Häusern Microsoft und Lotus.

Manpower Deutschland ist durch das hauseigene Schulungssystem in der Lage, seine Mitarbeiter für viele in deutschen Firmen genutzte PC-Programme zu qualifizieren. Dadurch wird die Flexibilität für den einzelnen erheblich größer, und seine Chancen auf dem Arbeitsmarkt verbessern sich zusehends.

Ähnlich wirkt sich die Manpower-Qualifizierung im gewerblichen Bereich aus. Auch hier steht der Kundenwunsch im Vordergrund. Hat der zur Verfügung gestellte Mitarbeiter z. B. einen bestimmten Schweißvorgang zu bearbeiten, für den er ein spezielles Zertifikat oder eine TÜV-Prüfung benötigt, oder benötigt er einen Gabelstapler-Führerschein, dann kann er auch für diese Tätigkeiten von Manpower weitergebildet werden.

Ultradex

Im Rahmen der Manpower-Personalarbeit haben sich neben den Qualifizierungsverfahren besonders die Testprogramme bewährt: Allen voran ist Ultradex für den gewerblichen Bereich zu erwähnen. Dieses Programm ist auf dem besten Wege, das Feld der Berufseignung effizienter zu gestalten und zugleich die Berufsberatung zu verbessern. Bei Manpower wird es zunächst als ein Identifikationsverfahren angewandt, um die Fähigkeiten ungelernter Kräfte erkennen zu können. Das Programm ist in zwei Pflicht- sowie fünf aufgabenbezogene Tests gegliedert. Es läuft nach einem standardisierten Verfahren, mit Hilfe von Audiokassetten oder schriftlichen Anweisungen ab. Gleichzeitig wird während des Testverfahrens in einem Bewertungsbogen das beobachtete Verhalten des Prüflings festgehalten. Alle Aufzeichnungen werden abschließend mit Hilfe eines Auswertungsschemas beurteilt.

Der Abteilungsleiter faßt die Testergebnisse auf einer sogenannten „Profilkarte“ zusammen, auf der sowohl die Manpower-Disponenten als auch der Kunde auf einen Blick erkennen können, wo Stärken und Schwächen des Prüflings liegen. Man kann also feststellen, daß ein Bewerber z. B. für Prüf- und Sortierarbeiten besonders geeignet ist, während er für Bauteilmontagen weniger günstige Voraussetzungen mitbringt.

Diese Eignungsprüfung trägt dazu bei, daß mit Hilfe von Ultradex getestete Manpower-Mitarbeiter eine um 12 Prozent höhere Produktivität erlangen. Der Einsatz des Testverfahrens und die Umsetzung seiner Ergebnisse wirkten sich in den Kundenunternehmen außerdem positiv auf die Arbeitszufriedenheit aus. Dadurch wurde die Motivation der Mitarbeiter deutlich verbessert. Denn der „Ultradex-Getestete" erkennt in der Regel selbst, wo seine Stärken liegen.

So haben manche Mitarbeiter erst durch den Test die Bestätigung erhalten, daß sie handwerklich so geschickt sind, sich z. B. Monteurarbeiten zutrauen zu können, vor denen sie bisher zurückgeschreckt waren. Auch bei Frauen wurden Montagefähigkeiten entdeckt, die sie selbst nicht vermutet hätten. Deren Weiterentwicklung verhalf ihnen zu einem Platz in der Computerfertigung. Das stärkte nicht nur das Selbstbewußtsein der Mitarbeiterinnen, es verhalf gleichzeitig den Firmen, die sie beschäftigten, zu einer größeren Produktivität.

Bei Manpower erfährt man täglich: „Ultradex erlaubt es, mit ganz einfachen Mitteln herauszufinden, für welchen Job der einzelne am besten geeignet ist." Hierzu zählt z. B. der Inspektionstest, in dessen Beschreibung es heißt: „Mit diesem Test wird Ihre Fähigkeit beurteilt, Fehler und Ungenauigkeiten an Gegenständen festzustellen sowie die festgestellten Defekte gemäß vorher

Testauswahltabelle

Ultradex™

	PFLICHTTESTS	
	Inspektion	**Sortier- und Prüftest**
AUFGABE	Erkennen von Defekten und Unstimmigkeiten in Gruppen von Gegenständen	Sortieren von Objekten nach Kennummern und Unterscheidung zwischen gleichartigen Nummern auf einer Liste. Abhaken, Aufzeichnen und Zusammenzählen der restlichen Nummern
ERFORDERLICHE EIGNUNG	• Lesen	• Beidhand-Koordination • Zählen • Saubere und ordentliche Niederschrift von Zahlen
WICHTIGE PERSÖNLICHE EIGENSCHAFTEN	• Konzentration über einen längeren Zeitraum ohne abgelenkt oder unproduktiv zu werden • Wiederholte Durchführung derselben Aufgabe ohne Ermüdung oder Frustration	• Erledigung einer Reihe detaillierter Aufgaben nach bestimmten Arbeitsanweisungen • Wiederholte Durchführung derselben Aufgabe ohne Ermüdung oder Frustration
AUFGABEN-KATEGORIE	• Inspektion • Verpackung • Montage • Maschinenführung	• Verpackung
BEISPIELE FÜR STELLEN-BESCHREIBUNGEN*	• Prüfung von Nähten • Sichtkontrolle von Bauteilen auf Defekte • Beobachtung der Materialförderung • Beobachtung des Maschinenbetriebs und Störungsmeldung • Inspektion des Inhalts von Kartons zur Prüfung von Farbe, Größe oder Modell von Artikeln • Inspektion von Nahrungsmitteln • Inspektion von Teilen auf Oberflächenglätte • Fehlersuche, Demontage von Maschinen und defekten Teilen • Beobachtung von Meßinstrumenten • Quantitäts- und Qualitätsprüfung, Vergleich mit vorgeschriebenen Normen	• Zählen, Sortieren und Aufzeichnen von Lagerbeständen oder Teilen • Arbeit in einem Waren-, Versand- oder Annahmelager und Prüfen von Zahlen auf einer Rechnung oder einem Lieferschein • Zählen und Aufzeichnung der Gesamtanzahl von Teilen pro Gruppe • Mengenprüfung • Annahme, Lagerung und Ausgabe von Handwerkzeug, Maschinenwerkzeug, Farben und Geräten • Aktualisierung eines Lagers • Annahme, Lagerung, Ausgabe von Ersatz- und Reparaturteilen, Geräten und Verbrauchsgütern in Fertigung oder bei Reparaturen • Lesen und Beachtung der Informationen von Rechnungsblättern

* Zusätzliche Rücksprache mit Kunden erforderlich, um festzustellen, ob diese Stellenbeschreibungen tatsächlich die von diesen Tests gemessenen spezifischen Aufgaben enthalten.

EINSATZBEZOGENE TESTS

Bewegungs-koordination	Werkzeugbezogener Montagetest	Printplatten-und Bauteilmontagetest	Zielgenauigkeitstest	Fertigungs-Protokolltest
Koordination beider Hände und Arme, um Gegenstände von einer Stelle auf eine andere zu befördern und dabei ruckfreie, rhythmische Bewegungen einzusetzen	Umgang mit einem Handwerkzeug (Schraubendreher, Hammer, Zange, Schlüssel, usw.)	Geschickter Einsatz der Finger zur Montage sehr kleiner Objekte	Schnelle, kontinuierliche Bewegungen von Finger und Handgelenk, Koordination von Auge und Hand zur Durchführung einer präzisen Aufgabe	Führung genauer Fertigungsprotokolle
• Durchführung präziser Bewegungen mit stetiger Hand • Beidhand-Geschicklichkeit • Beidhändigkeit (Fähigkeit, beide Hände gleichermaßen zu benutzen	• Beidhand-Koordination • Arbeit nach Montageplan	• Einsatz der Finger zur Bearbeitung kleiner Objekte (Präzision wichtiger als Schnelligkeit) • Präzise Bewegungen, die eine stetige Hand erfordern • Arbeit nach einem Schema • Perfekte Koordination von Auge und Hand beim Zusammenbau passender Teile	• Koordination von Auge und flexibles Handgelenk • Präzise Bewegungen, die eine stetige Hand erfordern	• Kenntnisse in den Grundrechnungsarten und Fähigkeit, ab- und aufzurunden • Umgang mit einem Taschenrechner • Einhaltung repetitiver, schrittweiser Berechnungsvorgänge • Saubere und ordentliche Niederschrift von Zahlen
• Konzentration über einen längeren Zeitraum ohne Ablenkung und Ermüdung • Fähigkeit, eine Reihe detaillierter Aufgaben nach bestimmten Anweisungen durchzuführen	• Konzentration über längere Zeit, ohne abgelenkt oder unproduktiv zu werden • Fähigkeit, eine Reihe detaillierter Aufgaben nach bestimmten Anweisungen durchzuführen	• Konzentration über längere Zeit, ohne abgelenkt oder unproduktiv zu werden • Fähigkeit, eine Reihe detaillierter Aufgaben nach bestimmten Arbeitsanweisungen durchzuführen	• Wiederholte Durchführung derselben Aufgabe ohne Ermüdung und Frustration	• Konzentration über längere Zeit, ohne abgelenkt oder unproduktiv zu werden
• Verpackung • Maschinenführung	• Montage	• Montage	• Montage • Maschinenführung	• Maschinenführung • Montage • Verpackung • Inspektion
• Verpackung in Kisten • Laden, Entladen oder Befördern von Teilen mit der Hand • Montage und Demontage von Werbeträgern • Montage von Behältern oder Schachteln • Teile zusammenschrauben, kleben, zusammenklammern und aneinander befestigen • Einfache, repetitive Bindearbeiten wie Zusammenlegen, Auseinandernehmen, Stapeln oder Kleben • Arbeit in einem Warenlager oder Verteilungszentrum, wo kleinere Teile manuell ausgegeben werden	• Montage, Einstellung und Befestigung von Elementen • Reparatur kleiner Geräte • Einsatz von Handwerkzeug, Winden, Drehmomentschlüsseln, Waagen und Meßinstrumenten • Arbeit mit maschinellen Werkzeugen, Handwerkzeug und Meßinstrumenten nach Montageplänen • Arbeit mit Tischlerwerkzeugen für Präzisionsarbeiten: Schneiden, Einpassen und Befestigen von Holzteilen	• Zusammensetzen oder Dekorieren von Schmuck • Montage von gedruckten Schaltungen • Montage, Installation, Reparatur und Prüfung elektrischer Anlagen und Verdrahtungen in Alarmanlagen, Beleuchtungsanlagen und Radios • Montage elektrischer Anlagen und Teile: Magnetkern, Spulen, Elektromotoren und Schalter • Herstellung elektronischer Baugruppen - Widerstände, Kondensatoren und Transformatoren nach Verdrahtungsplänen, Fertigungsblättern oder Zeichnungen	• Mit Lötkolben Komponenten zusammenlöten • Montage und Befestigung von Teilen mit kleinem Werkzeug	• Rechenergebnisse prüfen • Maschinenproduktion aufzeichnen • Kenntnisse in der Arithmetik • Berechnungen an der Produktionsstätte: Festigkeit, Ausrichtung, Materialstärke • Überprüfung der Berechnungen der Verwaltung mit tatsächlichen Inventarzahlen • Lesen von Produktionsaufträgen bzgl. Größe und Typ von Teilen, Einrichtung der Maschine und Aufzeichnung der Produktion • Aufzeichnung von Prüfergebnissen, Vergleich von Ergebnissen mit Spezifikationen und Abfassung von Berichten zur Behebung von Fehlfunktionen

MANPOWER

gegebener Instruktionen zu kategorisieren." Im Testverfahren sind in einer bestimmten Zeit fehlerhafte Teile, z. B. Glühbirnen, Relaisstationen, Mikrometer, Schalter, auf Abbildungen zu finden. Dem Test ist außerdem eine Tabelle für die Definition der Fehler hinzugefügt, die ebenfalls zu bestimmen sind. Der Prüfling trägt seine Angaben auf einem Antwortblatt ein, und der Abteilungsleiter füllt in einem schematisierten Bewertungsbogen die vorgegebenen Beobachtungen aus.

Ultraskill-Startbildschirm

Der vollständige Test beansprucht etwa vier Stunden und wird üblicherweise in Gruppen durchgeführt. In

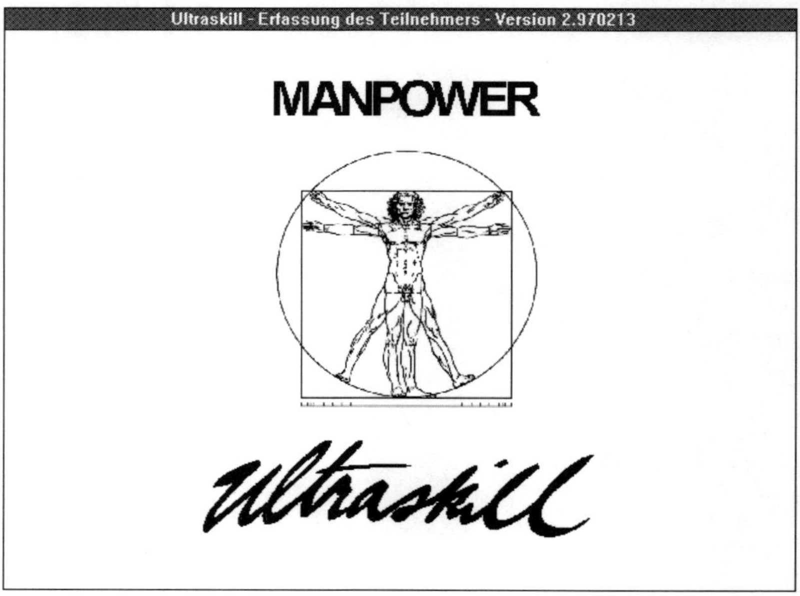

der Praxis hat sich allerdings eine Testauswahl mit einem Zeitaufwand von etwa 90 Minuten durchgesetzt. Wegen seiner Vielfältigkeit bezeichnet man ihn gerne auch als „Mini-Assessment“.

Ultraskill und Linguaskill

Mit dem Computerprogramm „Ultraskill“ wird die Eignung von Bewerberinnen und Bewerbern für Büroarbeit festgestellt, die dabei am Bildschirm mit spezifischen Anforderungen konfrontiert werden. Anhand

Ultraskill-Erfassung des Teilnehmers

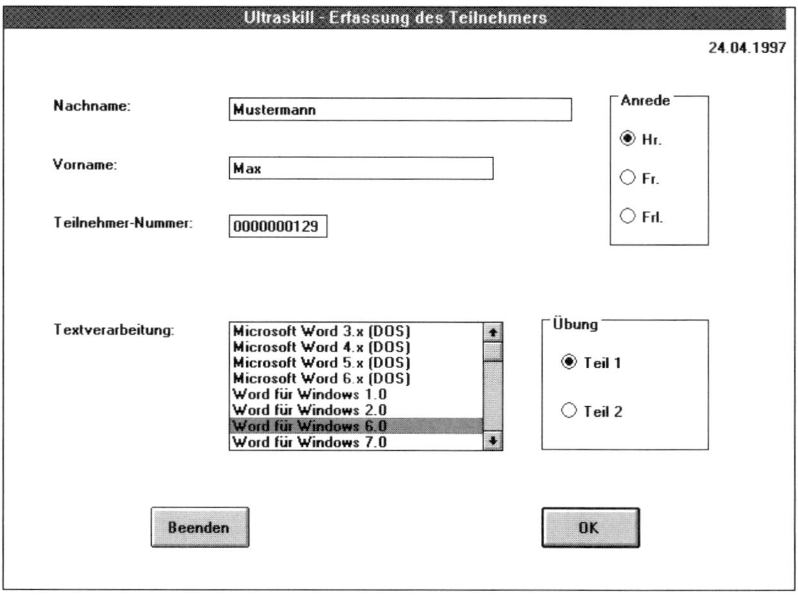

einer vorgegebenen und genau beschriebenen Aufgabe ist etwa ein Schreiben an einen Geschäftspartner zu bearbeiten. Der Testkandidat soll dafür nicht nur eine bestimmte Formatierung vornehmen, sondern vor allem orthographische wie grammatikalische Schreibfehler korrigieren, die in die Vorlage als Stolpersteine eingebaut wurden. Die eingegebenen Lösungen können im PC anhand eines Auswertungsprogramms sofort bewertet werden. Ein gutes Abschneiden gilt als Ausweis für Sicherheit im Umgang mit Rechtschreibung und Interpunktion, bei der Benutzung von Fremdwörtern und der Formatierung von

Ultraskill: Schreiben des Testdokumentes

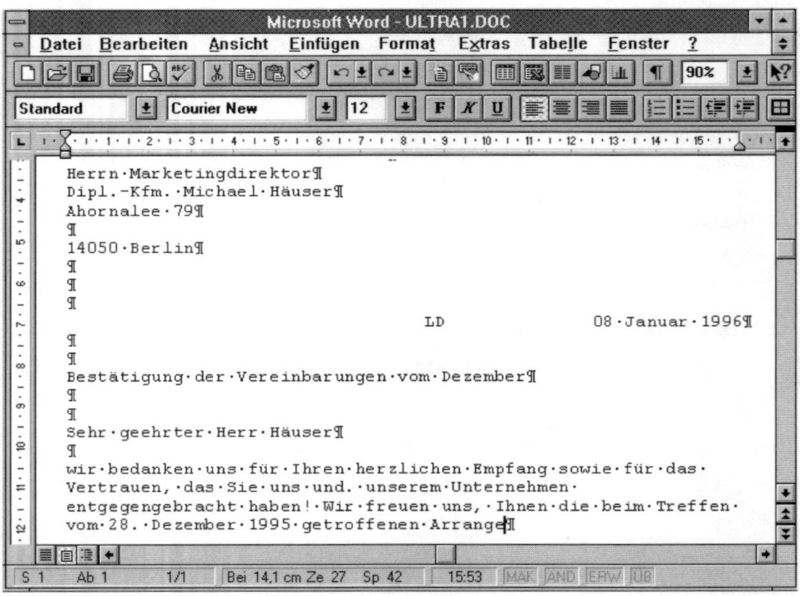

Dokumenten. Dadurch haben sich die Einstellungsverfahren wesentlich verkürzen lassen, ohne an Intensität einzubüßen. Die Testperson erhält über den PC-Drucker ihr Prüfungsergebnis in Form eines Testprotokolls, das sie der Disponentin, die mit ihr danach ein Einstellungsgespräch führt, bereits vorlegen kann.

Schon die Reaktionen auf diesen Prüfungsvorgang am PC können nach den Erfahrungen der Manpower-Disponenten erkennen lassen, ob ein Bewerber den vorliegenden Kundenansprüchen, die in der Regel den Umgang mit dem Computer verlangen, überhaupt

Ultraskill-Fehleranalyse

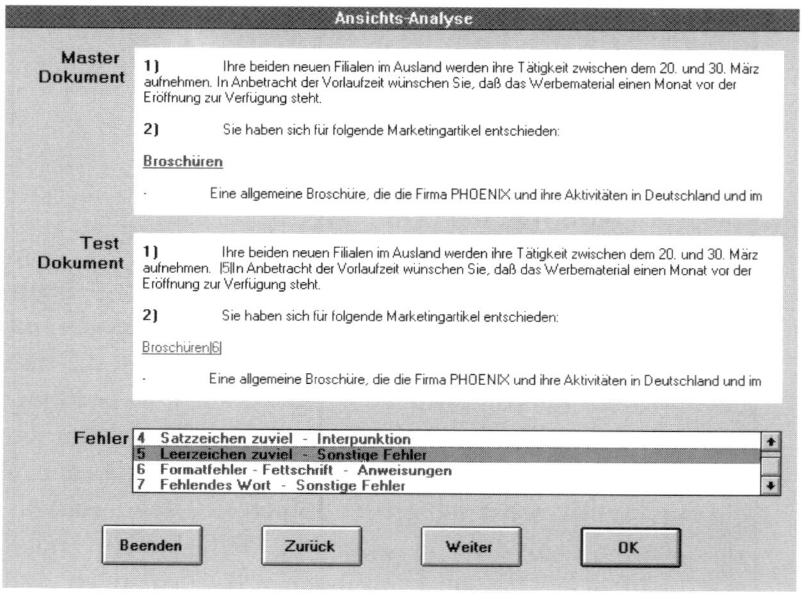

genügt. Oft läßt sich aus dem Test auch darauf schließen, ob er weiterbildungsfähig, vor allem aber, ob der Bewerber weiterbildungswillig ist.

Neben Ultraskill gibt es neuerdings ein weiteres Testverfahren, „Linguaskill", einen Sprachtest, der derzeit in Englisch, Deutsch, Französisch und Spanisch zur Verfügung steht. Dieser Test wurde in der englischen Version gemeinsam mit der Universität Cambridge und in der deutschen Version in intensiver Zusammenarbeit mit dem Goethe-Institut entwickelt. Mit diesem Test können die Fremdsprachenkenntnisse sehr intensiv auch auf ihre Praxisnähe geprüft werden. Das aussagefähige Testprofil ist für die Manpower-Personaldienstleistung besonders wichtig.

Der Arbeitseinsatz

Ehe der getestete Bewerber jedoch auf einen Arbeitsplatz beim Kunden gelangt, findet das Gespräch mit dem Disponenten oder der Disponentin statt, die sich über das künftige Tätigkeitsfeld des Manpower-Mitarbeiters bereits informiert haben. Sie können ihm dabei nähere Auskunft über die Arbeitsanforderungen im künftigen Betrieb geben. Sollten sich der dafür vorgesehene Mitarbeiter oder die Mitarbeiterin noch nicht sicher fühlen, kann ihnen z. B. sogar noch eine jener Skillware-Schulungen zur Verfügung gestellt werden, die Manpower zur Weiterbildung von Bürokräften entwickelt hat.

Andererseits hat es sich aber auch als hilfreich erwiesen, wenn die Disponenten bei den Vorbereitungsgesprächen darauf aufmerksam gemacht haben, auf welche Atmosphäre sich der neue oder die neuen Mitarbeiter bei der Kundenfirma einstellen müssen. Eine besondere Rolle spielt die Arbeitszeit, die vorher mit der neuen Kraft abgesprochen werden muß. Ein erfolgreicher Einsatz setzt auf jeden Fall auch die Abklärung „weicher Faktoren" voraus, um der erwarteten Arbeitsleistung ein harmonisches Umfeld bieten zu können.

In der Regel begleitet der Manpower-Interviewpartner seinen Bewerber am ersten Arbeitstag oder auch zu einem vorausgehenden Kundengespräch in die neue Firma. Eine aus der Praxis gewonnene Erkenntnis bei Manpower lautet: „Aus langjähriger Erfahrung wissen wir, daß die Kunden heute zunehmend verlangen, daß ihnen ein Vorstellungstermin eingeräumt wird, ehe sie sich für Zeitarbeitnehmer entscheiden. Nicht selten legen vor allem große Unternehmen sogar Wert darauf, mit mehreren Kandidaten bzw. Kandidatinnen sprechen zu können. Diese Tendenz wird auch im Ausland beobachtet und hängt von der Beschäftigungssituation des jeweiligen Landes ab."

Im Vordergrund die Leistung

Dafür bedarf es besonderer organisatorischer Voraussetzungen. In der Regel stehen viele Mitarbeiter bereits bei Manpower unter Vertrag und waren vorher schon bei anderen Unternehmen beschäftigt, wenn sie einem neuen Kunden vorgestellt werden. Daraus können sich Überschneidungen ergeben und Fehlzeiten folgen, die zu Lasten des Zeitarbeitunternehmens gehen. Trotzdem ist es den Manpower-Mitarbeitern fast immer gelungen, die Wünsche der Kunden zu erfüllen, zumal das oben vorgestellte Prinzip „Perfect Match“ auch anspruchsvolle Klienten davon überzeugen konnte, daß zusätzliche Vorstellungen oder Vorstellungstermine die Erfolgsgarantie nicht unbedingt stärken.

Sollte jedoch einmal ein Kundenauftrag eingehen, für den im Augenblick kein Vertragsmitarbeiter zur Verfügung gestellt werden kann, greifen die Disponenten auf ihre Wartelisten zurück. Aus diesem Bewerberpool bereits getesteter potentieller Mitarbeiter kann, zumindest innerhalb weniger Stunden, eine für den Auftraggeber passende Aushilfskraft vermittelt werden. In 98 Prozent aller Fälle folgen, so die Erfahrung der Disponenten, die Einsätze nahtlos aufeinander. Die Auftraggeber teilen häufig mit: „Dieses präzise Timing haben wir uns kaum vorstellen können, als wir zum erstenmal mit dem Zeitarbeitunternehmen Manpower in Kontakt kamen.“

Jeder Manpower-Mitarbeiter darf seit der gesetzlichen Neuregelung, die ab 1. April 1997 in Kraft ist, maximal zwölf Monate für ein und dasselbe Kundenunternehmen tätig sein. Wie aber steht es mit einem möglichen „Leerlaufausgleich“ bei den Mitarbeitern, wenn der nächste Auftrag einmal auf sich warten läßt? In solchen Fällen fragen Zeitmitarbeiter zunehmend nach flexiblen Freizeitmodellen.

Rund ein Drittel der zur Verfügung gestellten Zeitarbeitnehmer wechselt direkt aus dem Einsatz auf einen freien Arbeitsplatz des Kunden. Der Arbeitgeber ist dann verpflichtet, seinen durch die Zeitarbeit gewonnenen neuen Mitarbeiter einige Monate weiter über das Zeitarbeitunternehmen zu honorieren. Erst danach kann er ihn selbst voll einstellen: Dieser Weg wird nach den Beobachtungen von Manpower zunehmend genutzt, da er sich im Vergleich zu den üblichen Formen der Personalsuche als wesentlich rentabler erweist. Für den Bereich „private Arbeitsvermittlung“ kann Manpower im übrigen sehr gezielt Bewerber für eine vakante Position aussuchen.

Bemerkenswert ist allerdings bei der gerade angesprochenen Entwicklung eine grundsätzliche Feststellung: Nicht jeder Zeitarbeiter will ein Vollmitarbeiter werden. Vielmehr wächst die Gruppe derjenigen, die sich mehr oder weniger in eigener Regie und zu von ihnen selbst gewählten Zeiten in den Arbeitsprozeß einbringen wollen. Diese Zeitarbeiter bilden gewissermaßen die Grundlage der so oft vergebens beschworenen Flexibilisierung und liefern zugleich den Beweis dafür, daß Arbeitszeiten nicht nur von den Betrieben, sondern auch bei den arbeitenden Menschen neu definiert werden. Die allen gemeinsame Voraussetzung bleibt dabei die Erfüllung der Qualitätsanforderungen.

Auf Erfolgsgarantie und Qualitätssicherung hat man bei Manpower von Anfang an besonderen Wert gelegt. Sie bilden die Basis der Unternehmensphilosophie: „Manpower hat schon immer die besondere Qualität der Dienstleistung in den Vordergrund gestellt und sich als High-Quality-Lieferant verstanden. Das ‚Perfect Match' ist dafür ein radikales Qualitätssiegel", betont Peter Garthoff, Manpower-Regionaldirektor Nord.

Dazu gehört, daß Manpower Revisoren beschäftigt, die alle Niederlassungen bereisen und regelmäßig vor Ort prüfen, ob und inwieweit diese auch als eigene Organisation den Qualitätsstandards entsprechen. Um Fehlentwicklungen zu vermeiden, hat das Zeitarbeitunternehmen einen Qualitätsdirektor benannt, der zentral für die Pflege des Qualitätsmanagements zuständig ist. Ferner wurde ein weiterer Revisor mit bundesweiter Zuständigkeit eingestellt.

Die vorhandenen, jeweils sorgfältig ausgearbeiteten Standards machen es möglich, daß Qualität ständig überprüft werden kann. Dabei spielt der Interview-Leitfaden als Standard der ISO-Norm bei Manpower ebenso eine entscheidende Rolle wie die Tatsache, daß die Mitarbeiter täglich mit ISO-zertifizierten Formularen arbeiten. Im Mittelpunkt steht das Qualitäts-, Arbeits- und Gesundheitsschutzmanagement-Handbuch.

Zur Unterstützung des Leistungsgedankens innerhalb der Manpower-Organisation wurde obendrein eine Leistungsprämie besonderer Art eingeführt: der Manpower-Oskar, eine Urkunde, die „ein hohes Maß an Engagement, Zuverlässigkeit und beruflicher Qualifikation bescheinigt". Vorausgesetzt wird, daß der überdurchschnittliche Mitarbeiter länger als ein Jahr oder sogar mehr als drei Jahre zum Unternehmen gehört. Erst danach erhält er eine Leistungsprämie. Das rasche und regelmäßige Feedback aus den Firmen, die mit Manpower-Kräften arbeiten, garantiert, ebenso wie das eigene Qualitätsmanagement mit seinen Prüfverfahren, eine sorgfältige Auswahl der Preisträger.

Die firmeninterne Auszeichnung wird jährlich zwei- bis dreimal in festlichem Rahmen als besondere Ehrung verliehen und erfreut sich eines hohen Ansehens bei den Mitarbeitern, die ja auch ihrerseits das Qualitätsbewußtsein des arbeitgebenden Vertragspartners teilen.

In diesem Umfeld bildet die bei Manpower-Maßnahmen überall erkennbare Wettbewerbsbereitschaft einen besonders wichtigen Grundstein. Sie kann für einsatzbereite Kräfte im deutschen Arbeitsmarkt sogar manchen Hoffnungsschimmer wecken, nach dem Motto: „Manpower weiß, welche Arbeit gebraucht wird.“

Menno Smid

Flexibles Personalmanagement: Chancen und Risiken der Zeitarbeit

Die deutsche Industrie durchläuft einen tiefgreifenden Strukturwandel. Im Zentrum der Bemühungen der Unternehmen stehen Produktivitätsfortschritte, die um so notwendiger sind, als es darum geht, im Prozeß der Globalisierung offensichtliche Standortnachteile entwickelter Ökonomien, insbesondere der deutschen Volkswirtschaft, auszugleichen.

Dabei spielen bei der Mehrheit der Unternehmen, und zwar in fast allen Branchen und unabhängig von der Größe, umfangreiche Verfahrens- und Prozeßinnovationen und die Entwicklung neuer Produkte eine wesentliche Rolle. In diesem Überdenken der Unternehmensprozesse ergibt sich nicht nur der Trend zum Abbau der Belegschaften, sondern ebenso verändern sich z. T. radikal auch die innerbetrieblichen Abläufe. Es entstehen sowohl zunehmend neue Formen der Arbeitsorganisation (Stichworte sind hier z. B. Enthierarchisierung, Job Enrichment, Gruppenarbeit etc.) als auch Arbeitsaufgaben mit ganz neuen Qualifikationsanforderungen. Insgesamt hat in dieser angestrebten neuen Arbeitswelt die Flexibilität des Unternehmens und damit auch die Flexibilität eines jeden Arbeitnehmers einen zentralen Stellenwert.

Es liegt auf der Hand, daß die gewerbliche Arbeitnehmerüberlassung, allgemein besser unter dem Stichwort „Zeitarbeit“ bekannt, sich vor diesem Hintergrund beträchtliche Chancen ausrechnen können müßte, weil der Einsatz von Zeitarbeit geradezu als ein Merkmal flexibilisierter Arbeitsverhältnisse aufzufassen ist. Insofern ist der im Vergleich etwa zu den Vereinigten Staaten eher geringe Verbreitungsgrad dieses Instruments flexiblen Personalmanagements in Deutschland ein durchaus interessanter Indikator für den bisher erreichten Grad der Flexibilisierung des Wirtschaftsstandortes Deutschland.

Nach einer aktuellen, repräsentativen Umfrage der „infas Sozialforschung" bei knapp 500 Unternehmen sind die zukünftigen Entwicklungschancen der Zeitarbeit in Deutschland durchaus positiv zu beurteilen. Aus der Sicht der Verantwortlichen für das Personal in den befragten Unternehmen, die Zeitarbeit verwenden, wird der Einsatz von Zeitarbeitskräften keineswegs nur für besondere Ausnahmesituationen in Erwägung gezogen. Allerdings: Es gibt für die Anbieter von Zeitarbeit durchaus einiges zu tun, um ihr Dienstleistungsangebot als ein Instrument der Flexibilisierung im Bewußtsein eines großen Teils der für das Personal Verantwortlichen zu verankern.

Aktuelle Erfahrungen mit Zeitarbeitskräften

42 Prozent der befragten Unternehmen haben nach eigener Aussage innerhalb der letzten beiden Jahre die Dienste einer oder mehrerer Zeitarbeitfirmen in An-

spruch genommen, und zwar gewerbliche wie Dienstleistungsunternehmen in annähernd gleichem Maße. Jedoch resultiert die Tatsache, daß rund sechs von zehn Unternehmen keine Zeitarbeit in Auftrag gaben, offenbar aus grundsätzlichen Erwägungen seitens der befragten Verantwortlichen für das Personal und basiert nicht auf schlechten Erfahrungen mit Zeitarbeitskräften. Nur 4 Prozent der befragten Unternehmen berichten von schlechten Erfahrungen mit Zeitarbeitskräften. Aus der Sicht dieser kleinen Minderheit hatte das Personal nicht die geforderten Fähigkeiten bzw. war die Dienstleistung zu teuer.

88 Prozent der Unternehmen, die Angebote von Zeitarbeitfirmen nicht in Anspruch genommen haben, nannten als Grund, daß sie Personalengpässe durch Rückgriff auf interne Ressourcen auszugleichen suchten. Zeitarbeit wird offenbar nicht als eine weitergehende Möglichkeit der Personalplanung wahrgenommen. Einschränkend muß allerdings angemerkt werden, daß die damit verbundenen Kosten bei 20 Prozent der befragten Unternehmen eine Rolle spielen. Als zusätzliches Argument wird von 24 Prozent der befragten Unternehmen genannt, im Rahmen des bereits angemerkten allgemeinen Personalabbaus zunächst nach Beschäftigungsmöglichkeiten für die Stammbelegschaften zu suchen. Dies äußerten 24 Prozent der befragten Unternehmen. Positiv für Anbieter von Zeitarbeit ist zu vermerken, daß als Grund für die Ableh-

nung fehlende Qualifikation von Zeitarbeitskräften eine vergleichsweise geringe Rolle spielt. In diesem Sinne äußerten sich nur 18 Prozent.

Für die angesprochene Vermutung, daß aus grundsätzlichen, vor allem unternehmensinternen Erwägungen Zeitarbeit nicht wahrgenommen wird, spricht auch der Befund, daß lediglich ein Zehntel dieser Unternehmen angibt, es bestünden Erwägungen oder konkrete Pläne, in Zukunft auf Angebote von Zeitarbeitfirmen zurückzugreifen.

Hier muß also zunächst erst einmal ein subjektiver Bedarf entstehen, damit die Zeitarbeit die in ihr liegenden Möglichkeiten auch in solchen Unternehmen zur Geltung bringen kann, die bislang auf deren Einsatz verzichtet haben.

Erfahrungen der Nutzer von Zeitarbeit

Die Erfahrungen der Nutzer von Zeitarbeit, über die im folgenden berichtet wird, beruhen bei rund der Hälfte der befragten Unternehmen auf der Zusammenarbeit mit lediglich einem Anbieter. Ein weiteres knappes Drittel hat in den beiden letzten Jahren mit zwei Zeitarbeitfirmen kooperiert, während lediglich jeder fünfte drei oder mehr von ihnen aus der eigenen Praxis kennt.

Erfahrungen mit Zeitarbeitfirmen							
	ausgezeichnet (1) %	sehr gut (2) %	gut (3) %	weniger gut (4) %	schlecht (5) %	keine Angabe %	Durchschnitt
Freundlichkeit	11	41	45	1	0	2	2,4
Persönliche Betreuung	8	38	45	6	1	2	2,5
Flexibilität	8	28	56	6	0	2	2,6
Diversifizierte Dienstleistungen	5	19	51	4	1	20	2,7
Berufsbilder	2	19	46	5	0	28	2,8
Preise	3	16	64	12	2	4	3,0

Das Gesamturteil, das den Zeitarbeitfirmen von ihren Kunden ausgestellt wird, fällt alles in allem günstig aus. Vier von zehn der befragten Personalverantwortlichen bezeichnen ihre Erfahrungen als „ausgezeichnet“ (5 %) oder „sehr gut“ (39 %); jeder zweite vergibt die Note „gut“. Entsprechend selten (5 %) sind negative Meinungen zu den Leistungen der Anbieter von Zeitarbeit zu hören. Beurteilungsunterschiede zwischen Dienstleistungs- und gewerblichen Unternehmen treten dabei nur in Nuancen zutage.

Auch mit Blick auf einzelne Leistungsmerkmale der Zeitarbeitfirmen überwiegt durchweg die Zufriedenheit, allerdings mit gewissen Differenzierungen.

Die besten Noten erhalten die Anbieter in Sachen „Freundlichkeit“ und „persönliche Betreuung“. Vergleichsweise kritisch wird hingegen das Preis-Leistungs-Verhältnis bewertet.

Die in der Umfrage aufgeführten Gesichtspunkte „Flexibilität“, „Angebot an unterschiedlichen Berufsbildern“ sowie „Palette unterschiedlicher Dienstleistungen“ rangieren im Mittelfeld, wobei die beiden letztgenannten Aspekte für eine nennenswerte Zahl von etwa einem Viertel der Nutzer kaum eine oder gar keine Bedeutung haben. Insgesamt kann offenbar von einer durchaus beachtlich hohen Zufriedenheit mit den Leistungen der Anbieter von Zeitarbeit ausgegangen werden.

Zufriedenheit mit dem vermittelten Personal

Letztlich entscheidend für die Akzeptanz, die Zeitarbeit im Personalmanagement findet, ist im weitesten Sinne die Einsatzfähigkeit der von den Anbietern vermittelten Arbeitskräfte. Die bisherigen Erfahrungen, die von den Nutzern wiedergegeben werden, lassen darauf schließen, daß Gründe für erhebliche Unzufriedenheit in dieser Hinsicht die Ausnahme bilden.

Keinerlei Probleme gibt es nach Ansicht der Kunden von Zeitarbeitfirmen mit der Freundlichkeit des ver-

Zufriedenheit mit dem vermittelten Personal							
	ausge-zeichnet (1) %	sehr gut (2) %	gut (3) %	weniger gut (4) %	schlecht (5) %	keine Angabe %	Durch-schnitt
Freundlichkeit gegenüber dem Arbeitgeber	5	33	53	1	0	8	2,5
Freundlichkeit gegenüber den Kunden	3	25	39	2	1	30	2,6
Zuverlässigkeit	4	22	58	11	1	4	2,8
Flexibilität	2	22	58	11	1	6	2,9
Anpassungs-fähigkeit	1	20	60	12	1	6	2,9
Kompetenz, Qualifikation	2	18	59	14	2	5	3,0
Belastbarkeit	2	14	54	20	0	10	3,0

mittelten Personals, sei es gegenüber dem Arbeitgeber oder auch, soweit von Belang, gegenüber den Kunden. Überwiegend schätzen die Unternehmen obendrein dessen Flexibilität, Zuverlässigkeit und Anpassungsfähigkeit insgesamt positiv ein. Einzig bei den Kriterien „Kompetenz" und „Belastbarkeit" werden Abstufungen deutlich, die darauf verweisen, daß sich nicht immer die Vorstellungen der Unternehmen erfüllt haben. Zu berücksichtigen ist dabei allerdings, daß in Unternehmen, die sich im Umbruch befinden, insgesamt auch die Qualifikationsanforderungen einem steten Wandel unterliegen.

Die verstärkten Innovationsaktivitäten der Unternehmen gehen oftmals einher mit einer differenzierten Spezialisierung. Es entwickelt sich eine betriebsspezifische Technikanforderung und damit eine entsprechende Qualifikationsanforderung. Letztere ist oftmals nicht übertragbar. Sie bindet einerseits den arbeitenden Menschen an den Betrieb, andererseits ist der Bedarf, der sich aus veränderten Produktions- und Arbeitsanforderungen ergibt, möglicherweise immer weniger über marktgängige Qualifikationen zu befriedigen.

Zusätzliche funktionale Qualifikationen gewinnen zunehmend an Gewicht, die von der arbeitenden Person u. a. mehr Eigenständigkeit, Eigenverantwortlichkeit, ganzheitliches Denken, Planen und Handeln verlangen. Persönlichkeiten, die diese Merkmale entwickeln und in Produktion, Handel und Dienstleistung einbringen, haben ihrerseits aber auch andere Erwartungen an die Arbeit.

Es kann daher durchaus auch als Herausforderung für Unternehmen, die Zeitarbeit vermitteln, begriffen werden, hier Konzepte zu entwickeln, die eine paßgenaue Eingliederung in die skizzierte Qualifikationsstruktur der sich insbesondere zukünftig permanent wandelnden Wirtschaft ermöglichen.

Zukünftige Bedeutung von Leistungsmerkmalen der Anbieter

Die Zeitarbeitfirmen müssen sich, wie alle anderen Unternehmen auch, auf neue Entwicklungen einstellen und ihr Serviceangebot künftigen Anforderungen seitens der Kunden anpassen. Erwartungen in dieser Hinsicht werden durchweg zunehmen. Die Tendenz machen die Befragungsergebnisse sehr deutlich, wobei durchaus nicht allen Leistungsmerkmalen die gleiche Bedeutung zukommt.

Die Personalverantwortlichen wurden gebeten, die zukünftige Relevanz der einzelnen Aspekte auf einer Skala einzustufen, die von „1 = wird stark an Wichtigkeit verlieren" bis „10 = wird stark an Wichtigkeit zunehmen" reicht.

Daraus ergaben sich folgende Durchschnittswerte:

- Flexibilität 8,2
- Preis-Leistungs-Verhältnis 7,8
- Freundlichkeit 7,5
- Persönliche Betreuung 7,3
- Angebot unterschiedlicher Berufsfelder 6,5
- Palette der unterschiedlichen Dienstleistungen 6,4

An erster Stelle der Wünsche steht die Flexibilität der Zeitarbeitfirmen, d. h. die Fähigkeit, auf die Probleme der Kunden schnell und zielgerichtet eingehen zu können. Auch auf die Angemessenheit der Preise wird künftig mehr Wert gelegt werden – angesichts des allgemeinen Kostendrucks in den Unternehmen kein überraschendes Ergebnis, das allerdings auch für die Anbieter zu einem zunehmenden Preiswettbewerb führen wird.

Die Gestaltung der Kooperation zwischen Anbietern und Nachfragern von Zeitarbeit tritt demgegenüber etwas in den Hintergrund. Von vergleichsweise geringerem Gewicht ist die Diversifizierung des Serviceangebots. Möglicherweise wird damit gerechnet, daß sich bei den Zeitarbeitfirmen eine gewisse Spezialisierung herausbilden wird.

Zukünftige Bedeutung von Leistungsmerkmalen des Personals

Wie bereits dargestellt, entstehen im Zuge der Neudefinition von Unternehmensprozessen auch völlig neue Anforderungen an die Mitarbeiter. Es ist zu vermuten, daß angesichts der künftigen wirtschaftlichen, technischen und organisatorischen Veränderungen in den Unternehmen dieser Trend weitergehen wird. Aus dieser Entwicklung heraus ergeben sich offenbar auch die Erwartungen an das Personal der Zeitarbeitfirmen. Die Kunden formulieren genaue und hohe Erwartungen für die Zukunft.

Die Einschätzung über die zukünftige Wertigkeit einzelner Merkmale wurde mit einer analogen zehnteiligen Skala gemessen. Dabei zeigt sich, daß an die durch Zeitarbeitfirmen vermittelten Arbeitskräfte letztlich die gleichen Anforderungen gestellt werden, wie sie auch für festangestellte Mitarbeiter seitens der Arbeitgeber mit zunehmendem Nachdruck formuliert werden. Vier Aspekte erreichen einen Skalenwert von 8,0 und höher, die übrigen Merkmale werden mit einem nur geringfügig niedrigeren Wert bedacht.

Die Ergebnisse im einzelnen:

- Zuverlässigkeit 8,3
- Flexibilität 8,1
- Anpassungsfähigkeit 8,0
- Kompetenz und Qualifikation 8,0
- Belastbarkeit und Streßbereitschaft 7,8
- Freundlichkeit gegenüber den Kunden 7,8
- Freundlichkeit gegenüber dem Arbeitgeber 7,0

Die in dieser Einschätzung zum Ausdruck kommenden, enorm hohen Erwartungshaltungen ziehen auch für die Zeitarbeitfirmen Konsequenzen bei der Rekrutierung von Mitarbeitern nach sich. Sie müssen sich als Arbeitgeber profilieren, die bei allen für Arbeitnehmer wichtigen Bereichen, z. B. inhaltliche Qualität der Beschäftigung, Arbeitsplatzsicherheit, Einkommen oder soziale Absicherung, mit etablierten Unternehmen Schritt zu halten haben, weil sie sich nur auf diesem Weg adäquate Chancen im Wettbewerb um qualifizierte und leistungsfähige Arbeitskräfte sichern können.

Künftige Zusammenarbeit

Für den Großteil der heutigen Kunden von Zeitarbeitfirmen bleiben deren Dienste auf absehbare Zeit offenkundig ein unverzichtbarer Bestandteil des Personalmanagements. Sechs von zehn befragten Unternehmen wollen in Zukunft in gleichem Maße wie bisher mit Zeitarbeitfirmen kooperieren. Gut jeder zehnte (12 %) plant sogar eine Ausweitung beim Einsatz von Zeitarbeitskräften. Mehr als doppelt so viele, nämlich 27 Prozent, sehen hier allerdings für die nächsten Jahre für ihr Unternehmen eher einen sinkenden Bedarf. Keiner der jetzigen Kunden will indes die Zusammenarbeit mit Zeitarbeitfirmen völlig einstellen.

Wenn es den Anbietern von Zeitarbeit gelingt, den im vorherigen Abschnitt dieses Beitrags skizzierten Vorstellungen und Erwartungen ihrer Klientel gerecht zu werden, sind auch zentrale Voraussetzungen dafür erfüllt, daß die Unternehmen Zeitarbeit über ihre bisherige Funktion hinaus als neuen Weg für eine weitere Flexibilisierung der Arbeitsorganisation akzeptieren und nutzen.

Interesse an neuen Serviceleistungen

Bislang bezog sich die Tätigkeit von Zeitarbeitfirmen weitgehend auf die Überlassung von Arbeitskräften, um betriebliche Personalengpässe im handwerklich-gewerblichen Bereich bzw. bei einfachen und mittleren kaufmännischen Tätigkeiten zu überbrücken. Bei dieser eingeschränkten Funktion muß es allerdings nicht bleiben. Vorstellbar ist ein deutlich erweitertes Serviceangebot, das auch Elemente des in letzter Zeit so hoch im Kurs stehenden „Outsourcing" von funktionellen oder organisatorischen Unternehmenseinheiten enthält. Manche Unternehmen der Branche planen auch bereits konkret in diese Richtung.

Die meisten der denkbaren Serviceangebote stoßen bei den heutigen Kunden der Zeitarbeitfirmen derzeit allerdings noch auf eine sehr reservierte Haltung. Darin kann aber keine grundsätzliche Ablehnung gesehen werden, weil hier auch die Zurückhaltung bei der Beschreitung ganz neuer Wege und teilweise auch mangelnde Phantasie eine Rolle spielen.

Den Einsatz von Zeitarbeitfirmen bei der Vermittlung für fest anzustellende Arbeitskräfte halten mit Blick auf die kommenden fünf Jahre 11 Prozent der befragten Personalchefs für sehr wahrscheinlich; weitere 40 Prozent für eher wahrscheinlich. In gleichem Maße räumt man dem Einsatz von EDV-Spezialisten, die von Zeitarbeitfirmen gestellt werden, Chancen für die nähere Zukunft ein.

Überwiegend skeptisch wird die komplette Besetzung von „Call Center Services“ zur Betreuung von Hotlines oder Telemarketing-Maßnahmen mit Zeitpersonal gesehen: 57 Prozent der Befragten glauben derzeit nicht, daß sie solche Dienste in Anspruch nehmen werden.

Unterstützung bei der Ausgliederung von Geschäftsteilen bzw. die personelle Ausstattung neuer Geschäftsstellen durch Zeitarbeitfirmen stehen für zwei Drittel bzw. vier Fünftel der befragten Unternehmen auf absehbare Zeit nicht zur Disposition. Auch die komplette Abwicklung regionsübergreifender Verkaufs- oder Dienstleistungsmaßnahmen im Fremdauftrag halten ebenfalls vier Fünftel derzeit für nicht denkbar.

Die größte Zurückhaltung kommt bei der Idee zum Vorschein, vorübergehende Personallücken auf der Managementebene durch Mitarbeiter von Zeitarbeitfirmen zu schließen. Neun Zehntel halten eine solche Maßnahme bis auf weiteres für unwahrscheinlich.

Bei den Einschätzungen zu diesen Fragen spielt im übrigen die bisherige Erfahrung, die man mit Zeitarbeitfirmen gesammelt hat, praktisch keine Rolle.

Diethelm Bender

Kompetenz und Engagement: „Fallbeispiele" erfolgreicher Zeitarbeiteinsätze

Wenn die Kraft des Beispiels in einem Arbeitsbereich als Motor für eine ganze Entwicklung wirkt, dann gilt das in besonderer Weise für die Zeitarbeit. Die ihr heute noch entgegengesetzten Widerstände fallen in sich zusammen, wenn die erfolgreichen Beispiele in der Praxis erkennbar werden. Das Unternehmen Manpower hat, wie die hier geschilderten „Fallbeispiele" belegen, konsequent neue Märkte und neue Einsatzmöglichkeiten zu erschließen geholfen, indem es z. B. ein renommiertes Bankhaus dabei unterstützt hat, seinen Absatzbereich auf Reisecenter auszudehnen, oder indem die von ihm eingesetzten Mitarbeiter die Outsourcing-Aktivitäten eines weltberühmten Autoproduzenten in die Tat umsetzten.

Zu den Großprojekten von Manpower gehören aber auch die Zubringerorganisation für einen internationalen Zirkus, die Spätschicht für die Bandarbeit eines wachstumsstarken Verlagshauses oder der Aufbau einer Gabelstaplerproduktion.

In jedem Fall zeigen die folgenden Beispiele nicht allein die Qualifizierung in vielfältigen Bereichen, die Manpower seinen Einsatzkräften angedeihen läßt, um den Kundenwünschen optimal entsprechen zu können, sondern auch Kompetenz und Engagement der Manpower-eigenen Führungskräfte, die diese Mitarbeiter betreuen.

Cirque du Soleil – Ein Traum, der organisiert werden muß

Zeitarbeit hat sich zunehmend auch als Pionier europaweiten Zusammenwachsens der Arbeitswelt erwiesen. Internationale Kontakte spielen in dieser Branche keine geringe Rolle; sie haben Auftraggebern aus anderen Ländern den Zugang zu deutschen Geschäftspartnern erleichtert. Dafür bietet die Personalbeschaffung der weltberühmten Artistenshow „Cirque du Soleil" ein besonders interessantes Beispiel:

Der 1982 gegründete Zirkus hat in den 14 Jahren seines Bestehens einen rasanten Aufstieg erlebt. Im kanadischen Montreal, dem Stammsitz des Unternehmens, sind in der Regel mehr als 600 Artisten, Tänzer, Musiker, Regisseure, Kostümbildner und Techniker unter Vertrag. Dabei laufen zeitweise an verschiedenen Orten, selbst auf verschiedenen Kontinenten bis zu drei individuelle Programme gleichzeitig ab. Während also „Mystère" und „Alegria" in den Vereinigten Staaten Schlagzeilen machten, startete das Artistikunternehmen mit „Saltimbanco" seine erste Deutschlandtournee.

Auftakt dieser Tournee war in München. Zeitmitarbeiter erledigten hier zunächst den Verkauf der Eintrittskarten. Dieser erste Kontakt mit dem deutschen Zeitarbeitunternehmen verlief sehr positiv. Die Auftraggeber zeigten sich so zufrieden, daß sie auch ihr nächstes Gastspiel in Deutschland mit Manpower-Personal abwickeln wollten. Für das Programm des „Cirque du Soleil" sind im übrigen allein an einem Tag 40.000 Eintrittskarten verkauft worden. Man kann sich vorstellen, daß das nur bei einer ganz präzisen organisatorischen Umsetzung ablaufen kann.

Die Erfolgsstory begann in Berlin. Schon bald überschlugen sich die begeisterten Stimmen der Berichterstatter: „Man wird Vergleichbares, noch dazu in einem so atemberaubenden, dramaturgisch durchdachten Tempo präsentiert, anderswo vergeblich suchen." (Die Welt) „Der Jubel brach nach der ersten Nummer los, nach der zweiten sprangen die Zuschauer von den Sitzen." (Berliner Zeitung) „Als gäbe es die Gesetze der Schwerkraft nicht, schwingen sich die Akrobaten durch die Luft." (Tagesspiegel) Der große Erfolg des „Cirque du Soleil" motivierte auch die beteiligten Zeitmitarbeiter. Ein für das Unternehmen wichtiger Aspekt, denn gerade der Artistenzirkus ist mehr als andere Shows auf das Engagement aller Mitarbeiter angewiesen.

Regionalleiterin Ilse Unbehaun berichtet über die Vorgeschichte des Projekts: „Erst drei Wochen vor Beginn des Berliner Gastspiels fragte der Zirkus bei uns an, ob Manpower nicht auch für das Berliner Gastspiel das Zeitarbeitpersonal stellen wolle. Die erfahrene

Berliner Regionalleiterin hatte Mut und wußte, worauf sie sich einließ; sie hat an der erfolgreichen Abwicklung des Zirkusprojekts in Berlin entscheidenden Anteil."

Die gesamte Zuarbeit, mit Ausnahme der Artistencrew und des Verwaltungsmanagements, wurde von Zeitpersonal geleistet. Bei diesem Einsatz stellte das Zeitarbeitunternehmen dem „Cirque du Soleil" Mitarbeiter sowohl im Werkvertrag als auch durch Arbeitnehmerüberlassung zur Verfügung.

Bei der Arbeitnehmerüberlassung schließt der Auftraggeber, in diesem Fall der Zirkus, mit Manpower einen Vertrag, in dem ihm auch das Weisungsrecht für die Mitarbeiter eingeräumt wird. Vertraglich aber bleibt der Mitarbeiter direkt an Manpower gebunden. Wird dagegen ein Werkvertrag abgeschlossen, kann das Kundenunternehmen nur via Vermittler über den ihm zugestellten Arbeitnehmer verfügen. Es hat also kein Weisungsrecht. Dem Zeitarbeitunternehmen wird damit das Recht eingeräumt, einen befristeten Vertrag mit seinen Mitarbeitern abzuschließen. Schließlich erfordern die diversen Aufgaben, die z. B. für eine Artistenshow zu erfüllen sind, so unterschiedliche Eignungen, daß es schwer sein dürfte, den Zeitmitarbeitern jeweils Anschlußverträge zu garantieren. Regionaldirektorin Elisabeth Züll schildert die Einsatzarten: „Personal stellen beim Zirkus heißt, das Management macht der Zirkus selbst, aber alles andere, den kompletten Ablauf, Kundenkontakt, Küchen, Rezeption, regelt der Personaldienstleister. Dabei geht es um eine Größenordnung von etwa 150 Mitarbeitern pro Standort. Außerdem wurden die ‚Public Sales' übernommen, das ist der Verkauf von Getränken, Essen und Eis. Ferner gilt es, Produkte im Merchandising, wie T-Shirts oder Lederjacken, an den Mann zu bringen. Hinzu kommen Platzanweiser, Leute für die Rezeption – und sogar eine Schneiderin, welche die Kostüme betreut. Gelegentlich muß Personal für Marketingaktionen bereitstehen, und in besonderen Situationen gibt es sogar Bedarf an Technikern. Hier werden allerdings nur ausgesuchte Spezialisten eingesetzt."

Dieser bunten Anforderungsvielfalt kann natürlich kein Personalbüro gerecht werden, das seine Mitarbeiterauswahl ausschließlich nach den üblichen Arbeitsnormen trifft. Vielmehr wurden und werden Mitarbeiter gesucht, die besonders aufgeschlossen und freundlich sind, die zumindest Englisch verstehen, sich als vielseitig interessiert erwiesen haben und „keine Mühe scheuen". Als besonders geeignet haben sich Mitarbeiter erwiesen, die bereits früher bei Musical- oder Filmveranstaltungen zum Einsatz gekommen waren.

Um diese Vielfalt im Griff zu haben, wurde von der Niederlassung Berlin eigens für diesen Auftrag ein Supervisor engagiert. Denn die Mitarbeiter, die ein solches Projekt abwickeln, müssen jedesmal wieder neu gesucht und für jeden Standort neu verpflichtet werden. Dabei geht man bei Manpower von der Erfahrung aus, daß ein kurzfristiger Einsatz im Einzugsbereich des Zirkus für viele faszinierend wirkt, eine langfristige Beschäftigung, etwa als Platzanweiser oder Verkäufer von Eintrittskarten, aber eher als frustrierend empfunden wird.

Schließlich ist das Gesamtgeschäft in einem auch für die Arbeitnehmerüberlassung extremen Umfeld stärkeren Schwankungen unterworfen als in anderen Zusammenhängen, und die glänzende Kette der Organisationserfolge hat natürlich auch einzelne blinde Perlen aufzuweisen, die am Ende dann niemand mehr wahrnimmt, wenn der Gesamteindruck überzeugt.

Das Kerngeschäft der Artistenshow muß sozusagen „produktbedingt variabel" sein. Die Artisten selbst werden, je nach Programm, unterschiedlich eingesetzt und stehen nur für ihre Vertragszeit zur Verfügung.

Mittlerweile gibt es bei Manpower in Amsterdam eine standardisierte Projektbeschreibung für den Einsatz beim „Cirque du Soleil", an der sich jede Regionalstation am jeweiligen Tourneestandort orientieren kann. Sie enthält Aufgabenprofile, die gemeinsam mit dem Zirkusmanagement erarbeitet und von einem Supervisor vor Ort kontrolliert werden. Der Verantwortliche hat jeweils ein eigenes Containerbüro auf dem Zirkusgelände und ist auch für Personalbewegungen innerhalb der Mannschaft zuständig.

Zwölf Tage nach der letzten Vorstellung beginnt bereits das neue Gastspiel in einer anderen Großstadt – wieder mit einem Supervisor im Zirkuscontainer auf dem Gelände. Fast eine „unendliche Geschichte“?

Citibank – Mit der Bank in den Bahnhof

Es ist für jede Organisation und erst recht für jede Wirtschaftsorganisation ein besonderes Ereignis, wenn sie der Öffentlichkeit eine Neuerung präsentieren kann. Je mehr allgemeiner Nutzen damit verbunden ist, um so rascher wird sie populär, um so mehr Erfolge kann sie für die Beteiligten nach sich ziehen. Die Einführung von VISA Cards hat sich bereits seit Jahren als erfolgreiche Entwicklung dieser Art erwiesen. Von den Banken bis zum ADAC profitieren mittlerweile Millionen Nutzer vom bargeldlosen Zahlungsverkehr mit monatlicher Abrechnung, und die gegenseitige Konkurrenz ist groß.

Vor diesem Hintergrund entstand in der Zentrale der Deutschen Bahn AG die Idee, ihre BahnCard als „Bessere BahnCard“ anzubieten und sie mit einer zusätzlichen Zahlungsfunktion attraktiver zu machen. Die

Wahl der Citibank als Kreditkarten-Partner begründeten Bahn und Bank mit einem eigenen Sonderdruck, in dem es u. a. heißt:

- Citibank ist ein Unternehmen mit weltweiter Präsenz. Sie ist in nahezu 90 Ländern mit knapp 90.000 Mitarbeitern in rund 3.300 Geschäftsstellen vertreten.

- 1995 gab die Citibank in 26 Ländern insgesamt rund 50 Millionen Kreditkarten heraus.

- In Deutschland hat die Citibank 304 Zweigstellen, deren Service auch BahnCard-Kunden zur Verfügung steht.

Aber die Ergebnisse dieses Zusammenwirkens enttäuschten zunächst. Also wurde auf Abhilfe gesonnen, und eine Idee dafür war bald gefunden. Die Menschen jedoch, die sie ausführen sollten, blieben Mangelware.

Die Citibank und die Deutsche Bundesbahn hatten sich nämlich entschlossen, in den Reisezentren der großen deutschen Bahnhöfe als Verkaufsförderungsmaßnahme Sonderstände einzurichten, die von der Citibank personell besetzt werden sollten. Dafür aber stand nicht genügend Stammpersonal der Bank zur Verfügung. Da es sich obendrein um eine zeitlich begrenzte Beschäftigung handelte, schien guter Rat teuer. Den Ausweg aus dieser Sackgasse bot der Einsatz von Zeitmitarbeitern. Allerdings war die Aufgabe für das Zeitarbeitunternehmen im Endeffekt wesentlich schwieriger, als sich am Anfang vermuten ließ.

Ursprünglich hatte der Auftrag 35 Sonderverkaufsstände für die Citibank in Reisezentren vorgesehen. Das positive Echo veranlaßte das Unternehmen bald, zehn weitere Stände einzurichten.

Jeder Stand mußte mit einem Bahnmitarbeiter und ein bis zwei Citibank-Vertretern ausgestattet werden. Die wichtigste Voraussetzung für den Auftraggeber war die Garantie, fachgerechtes Personal einzusetzen. Das aber ist für ein Zeitarbeitunternehmen keine Hürde, bei dem ein hohes Qualifizierungsniveau als erster Arbeitsgrundsatz gilt. Selbst einige Terminschwierigkeiten konnten zur allseitigen Zufriedenheit gelöst werden.

Um präzise Disposition und höchste Flexibilität zu ermöglichen, wurden zwischen den Auftraggebern Citibank und Deutsche Bundesbahn zahlreiche Gespräche notwendig, und es kamen diverse Konzepte zur Sprache, ehe eine endgültige Entscheidung fiel.

Für Manpower blieb es entscheidend, zur rechten Zeit entsprechend geschulte Mitarbeiter zur Verfügung zu haben. Schließlich sollten nicht nur bereits engagiertes Zeitarbeitnehmer, sondern auch neu einzustellende Mitarbeiter auf das Projekt eingestimmt bzw. die dafür ausgewählten Teilnehmer trainiert werden. Sie mußten Grundkenntnisse im Kredit- und Kreditkartenwesen sowie Erfahrung mit Kundenberatung besitzen, verkaufstechnisch auf dem laufenden und vertrauenswürdig sein. Die Citibank und Manpower übernahmen dafür die vorbereitende Schulung. Zu dem gesamten Trainingspaket gehörten auch ein bis zwei Praxistage in einer Citibank-Niederlassung sowie zwei oder drei Tage einer sogenannten „Produktschulung". Das ergab im Endeffekt eine Schulungsdauer von knapp einer Woche, die nicht allein dem Gesamtprojekt, sondern durchaus auch dem einzelnen zugute kam. Die Citibank stellte dafür ihr Trainingszentrum in Nordhorn zur Verfügung.

Die ausgebildeten „Kreditkarten-Informanten auf Zeit" mußten zudem überdurchschnittlich mobil sein, da die Standorte auftragsgemäß alle ein bis zwei Monate gewechselt wurden, das Personal aber möglichst nicht ausgetauscht werden sollte. Denn jeder Personalwechsel hätte zusätzliche Kosten mit sich gebracht. Außerdem ist ein Zeitmitarbeiter oder eine Zeitmitarbeiterin seit dem 1. April 1997 an den „Überlassungsrahmen" von zwölf Monaten gebunden (siehe Beitrag von Robert de la Haye).

Ein bei dem Zeitarbeitunternehmen angestellter Verkaufsberater, der z. B. im Raum Frankfurt am Main zu Hause war, konnte demnach sowohl dort als auch in Wiesbaden oder Mainz beschäftigt werden. Das galt auch für Aushilfen im Krankheitsfall, für „Springer". Wenn es sich aber um Facheinsätze, z. B. in Bremen, handelte, für die es zunächst nur in Berlin Ersatz zu geben schien, wurde die Sache für den Disponenten des Zeitarbeitunternehmens schwieriger. Er mußte sich in einem solchen Fall aus reisetechnischen Gründen bemühen, eine nicht allzu weit von Bremen entfernte Vertretungsmöglichkeit zu finden. In der Praxis gab es Fälle, in denen Zeitmitarbeiter täglich zwischen zwei Städten gependelt sind: ein lohnender, aber auch strapaziöser Auftrag und ein ausgesprochener Leistungsträger-Einsatz, den die Manpower-Organisation von Zeit zu Zeit mit ihrem „Oskar" auszeichnet.

„Bei 80 Mitarbeitern für ein Projekt erfordern derartige Fälle schon einiges Dispositionsgeschick", weiß Katharina Maier, Leiterin Key Account Management Deutschland mit Sitz in der Frankfurter Manpower-Zentrale. Deshalb hatte es sich auch als vorteilhaft erwiesen, für den Citibank-Einsatz eine zentrale Disposition einzurichten, die für den gesamten deutschen Raum zuständig war. Manpower konnte dafür aus seinem eigenen Zeitpersonal einen speziellen Projektmanager beauftragen, und auf der anderen Seite engagierte die Citibank für die Parallelaufgabe in ihrem Hause einen Manpower-Mitarbeiter als Projektleiter.

Außerdem wurden, wie bereits erwähnt, die ursprünglich 35 Verkaufsstände für die VISA-BahnCard auf 45 erweitert, und am Ende kam es darauf an, mehr als 40 Standorte zu beschicken. Jeder dieser Stände mußte von Montag bis Samstag von zehn bis 18 Uhr besetzt werden.

Dabei standen auch die Mitarbeiter unter Leistungsdruck, denn der Auftraggeber hatte bestimmte Umsatzvolumen zur Bedingung gemacht. Das hieß gelegentlich sogar, einen verkaufsschwächeren Mitarbeiter gegen einen verkaufsstärkeren auszuwechseln bzw. ihn erneut zu trainieren.

Daß bei einem so eng verzweigten Netzwerk hin und wieder Knoten auftreten, ist, wie die Fachwelt bestätigt, völlig unvermeidlich. Daß sie aber in relativ kurzer Zeit gelöst werden konnten, ist vom Kunden des Zeitarbeitunternehmens als Leistungsnachweis verbucht worden. Hinzu kommt, daß die Rechnungserstellung äußerst kompliziert war und für fast jeden Standort individuell ausgeführt werden mußte. Das heißt, es war keine Zeit und Geld ersparende standardisierte Rechnungsabwicklung möglich, da Vertretungseinsätze, Reisekosten und Übernachtungen mehrfach Sonderregelungen verlangten. Mit anderen Worten: Um dem Kunden ein einheitliches Paket vorlegen zu können, wurde ein hoher administrativer Aufwand notwendig.

Als Endergebnis blieb für das Zeitarbeitunternehmen nicht allein die Zufriedenheit der Citibank zu verbuchen, sondern auch die Anerkennung der Deutschen Bundesbahn. Aus ihrem Hause kam vor allem ein Lob für das qualifizierte und flexible Personal, das der Vertragspartner der Citibank eingesetzt hatte. Dieser Erfolg führte an größeren Standorten sogar zur Verlängerung der Kreditkarten-Aktion, „bis die Bahnmitarbeiter ähnliche Verkaufsfähigkeiten aufweisen", wie es hieß, um ihrerseits BahnCard und Kreditkarte entsprechend zu empfehlen.

Aber auch die Zeitmitarbeiter waren von dem Bahnhofsprojekt begeistert. Monika Wiesner beispielsweise war von der abwechslungsreichen Tätigkeit in den verschiedenen Reisezentren von Regensburg, Ingolstadt, Landshut oder Bamberg am meisten beeindruckt. Als ausgesprochen lehrreich bezeichnet sie die Produktschulung im Citibank-Trainingszentrum Nordhorn: „Dort konnte man die neue Aufgabe bereits praktisch umsetzen und wurde geradezu vorbildlich betreut."

Dieser „Spontaneinsatz" für fachlich vorgebildetes und durchgängig einsetzbares Personal gilt auch führungstechnisch als besondere Herausforderung. Selbst in anspruchsvollen Personalabteilungen existieren darüber Studien, deren Umsetzung einem Personaldienstleister als Auftragnehmer in der Regel kaum zugetraut wird. Manpower hat gezeigt, daß so etwas durchaus machbar ist.

CTIL – Versandmosaik als Weltmarkt-Faktor

Zeitarbeit nimmt heute manchmal sogar Patenschaftsfunktionen im Rahmen moderner Industrieentwicklung wahr. Das zeigt zum Beispiel der Fall des Transport- und Logistik-Unternehmens Customized Transportation International Logistic (CTIL), deutsche Tochter der weltweit agierenden amerikanischen CS Corporation in Richmond. Diese Tochterorganisation ist das Ergebnis einer Outsourcing-Aktivität der Ford-Werke AG, Köln, die ihren Teiletransport nach Übersee verselbständigt hat. Gehört doch die Autoindustrie zu den Pionieren in Sachen Outsourcing. Inzwischen sind gemeinsame Produktionsstätten der gesamten Automobilbranche für Motorensegmente geplant, die im gegenseitigen Wettbewerb keine Rolle spielen. So wird zum Beispiel für den Bereich Ventilefertigung seit geraumer Zeit eine eigene, unabhängige Produktion diskutiert.

In jedem Fall werden neue und flexible Mitarbeiter gebraucht, die bereit und in der Lage sind, saisonale Schwankungen mit ausbalancieren zu helfen. Beim Beispiel der Ford-Werke sah das so aus, daß die Verselbständigung des Teiletransports durch eine Kooperation der deutschen Töchter zweier amerikanischer Unternehmen realisiert worden ist. CTIL bietet seinen Kunden ein komplettes Servicepaket an, das die Distribution der Kraftfahrzeugteile von der Herstellung bis zur Produktionsstätte sicherstellt.

CTIL begann die Operation in Köln mit einem Site-Manager. Hinzu kamen, nach der Anmietung der notwendigen Lagerhallen, 70 Zeitmitarbeiter von verschiedenen deutschen Personaldienstleistern. 35 von ihnen gehören zu Manpower, einschließlich der Sekretärin des Geschäftsführers in Frankfurt.

Der Logistik-Spezialist CTIL ist sofort darangegangen, nicht nur die produktionsnahen Lagerhallen in Köln, sondern auch eine Zentralverwaltung in Frankfurt am Main zu installieren, da man von Anfang an das gesamte Bundesgebiet im Blick haben und für eine entsprechende Expansion, einschließlich potentieller Anschlußaufträge anderer Produzenten, gewappnet sein wollte.

Manpower-Führungskräfte gehörten zu den ersten, die diese Entwicklung gesehen haben. Ihre Niederlassung Köln erhielt dadurch einen erheblichen Wachstumsschub. Gleichzeitig legten die damit verbundenen Beobachtungen die Schlußfolgerung nahe, daß bei CTIL mit Sicherheit auch künftig Zeitpersonal nachgefragt werden könnte. Manpower ist es gelungen, den Auftrag für weitere 90 Arbeitsplätze zu erhalten, mit denen der Gesamt-CTIL-Personalbestand bis zum Frühjahr 1997 zunächst auf 160 Mitarbeiter festgelegt wurde.

Die Regionalleiterin des Zeitarbeitunternehmens präzisiert die einzelnen Schritte, die dabei von Manpower eingeleitet wurden: „Wir mußten innerhalb von fünf Wochen 90 Leute auf die Beine stellen. Dafür haben wir aber nicht nur Anzeigen geschaltet und Einstellungsgespräche geführt. Wegen des besonders großen Bedarfs an Gabelstaplerfahrern sind auch Schulungen mit anschließenden Prüfungen durchgeführt worden. Außerdem wurden vor Ort Telefone, Faxgeräte und andere Arbeitsmittel benötigt. Das heißt, wir haben ‚von null auf hundert' in kürzester Zeit eine kleine Niederlassung auf dem neuen CTIL-Gelände aufgebaut." Für diese Maßnahmen sind sowohl freiberufliche als auch festangestellte Mitarbeiter des Zeitarbeitunternehmens eingesetzt worden.

In diesem Fall war auch der vielzitierte „Ultradex"-Test für gewerbliche Mitarbeiter ganz besonders hilfreich, da er rasch und auf einen Blick die Eignung eines Bewerbers erkennen läßt. Teil 1 dieses Inspektionstests konfrontiert z. B. den Testteilnehmer mit sieben verschiedenen Schaubildern von jeweils 30 Darstellungen ein und desselben Gerätes oder Geräteteils, wie Schalter, Zirkel oder Glühbirnen. In diese

Darstellungen sind Fehler eingebaut, die der Betreffende in einer bestimmten Zeit durch den Vergleich mit einem ebenfalls abgebildeten fehlerfreien Muster erkennen und bezeichnen soll.

Ferner sind die Fehler auch zu bestimmen. Zusätzlich kommt es darauf an, die erforderlichen Eignungen von Testpersonen festzustellen, wichtige persönliche Eigenschaften auszuloten, die Aufgabenkategorie zu fixieren sowie – anhand von Beispielen für Stellenbeschreibungen – die Einsatzmöglichkeiten zu bestimmen. Diese Vorgänge werden in den sogenannten Pflichttests, dem Inspektionstest sowie in dem Sortier- und Prüftest herangezogen. Des weiteren stehen fünf verschiedene einsatzbezogene Tests zur Verfügung (siehe auch Testauswahltabelle S. 106/107).

Ein standardisiertes Prüfblatt und gelegentlich auch eine Videoaufzeichnung erleichtern dem Disponenten die Entscheidung und garantieren eine gleichbleibende Beurteilung. Dabei spielt auch die Frage eine Rolle, ob ein Bewerber eine Arbeit, selbst wenn er sie gut ausführt, gerne leistet. Damit können Motivationsschwellen bereits im Vorfeld abgebaut werden.

Im Fall einer Personalbeschaffungsaktion, wie z. B. für das Kölner CTIL-Projekt, hat sich die Präzision dieser Vorgehensweise, die sich gleichzeitig zeitsparend auswirkt, ganz besonders bewährt.

MTD Products AG (vorm. Gutbrod) – Auf Gabelstaplern zum Erfolg

Im Rahmen der Zeitarbeit gibt es Projekte, die eine bilderbuchreife Entstehungsgeschichte bieten. So zum Beispiel der Auftrag des Rasenmäherherstellers Gutbrod, heute mit 98 Prozent Anteil eine Tochter der amerikanischen „Modern Tools and Die“ (MTD) Products AG, die in Saarbrücken und in Hornbach in der Pfalz Produktionsstätten unterhält.

Das Unternehmen wurde nach dem Zweiten Weltkrieg als Landmaschinenhersteller gegründet und mit seinen Rasenmähern international bekannt. Heute beschäftigt es in den Saisonmonaten etwa 850 Mitarbeiter, davon 420 Zeitmitarbeiter von fünf verschiedenen Zeitarbeitunternehmen (120 von Manpower).

Auch bei den Rasenmäherproduzenten überzeugte „Ultradex“, der Fähigkeitstest, der vorwiegend für un- oder angelernte Mitarbeiter verwendet wird. Nach einer Präsentation des Eignungstests in der Frankfurter Zentrale wurde Manpower beauftragt, für die Produktion der Rasenmähertraktoren innerhalb von drei Wochen 100 Mitarbeiter als Überlassungspersonal zur Verfügung zu stellen.

Regionaldirektor Wolfgang Stüber berichtet: „Wir sind auch nach Frankreich gefahren, um dort Mitarbeiter zu finden, zumal die meisten Menschen in dieser Gegend zweisprachig sind und sowohl Französisch als auch Deutsch verstehen." Damit wird die noch an anderer Stelle getroffene Feststellung unterstrichen, daß Zeitarbeitunternehmen deutlich mehr Arbeitsplätze in Form von Arbeitnehmerüberlassung zur Verfügung stellen könnten, als auf deutschem Boden selbst in Zeiten großer Arbeitslosigkeit zu finden sind.

Arbeitnehmerüberlassung bedeutet in diesem Rahmen, einem Auftraggeber für seine Einsätze kurz- oder mittelfristig Personal zu überstellen. Seit April 1997 ist es möglich, für einen „überlassenen" Mitarbeiter einen ganzjährigen Vertrag abzuschließen und ihn nach dreimonatiger Unterbrechung erneut dem gleichen Kunden zur Verfügung zu stellen. „Gerade große Industrieunternehmen", so heißt es bei Manpower, „gehen immer mehr dazu über, Zeitmitarbeiter nicht nur zum Auffüllen bei Engpässen anzufordern, sondern Arbeitnehmerüberlassung als komplettes Instrument der Personalplanung einzusetzen." Außerdem werden häufig gerade in den Verlängerungsphasen „Überlassene" vom Vertragsunternehmen in ein festes Arbeitsverhältnis übernommen.

In jedem Fall aber ist der Kunde während des Überlassungszeitraums für den Mitarbeiter zuständig und auch verantwortlich. Um die Arbeitsabläufe, vor allem in der Einarbeitungsphase der neu engagierten und frisch getesteten Crew, im Auge zu behalten und für Rückfragen vor Ort präsent zu sein, richtete Manpower auf dem Firmengelände ein Büro ein, um auch Einstellungsschwierigkeiten überwinden zu helfen.

Das in das Unternehmen MTD integrierte Zeitarbeitpersonal gliedert sich heute in 80 Prozent ungelernte, „Ultradex"-geprüfte Kräfte und in 20 Prozent Fachpersonal, wie Schweißer, Schlosser und Staplerfahrer. Für sie hat Manpower ein eigenes elektronisches Zeiterfassungssystem im Betrieb installiert, um sie getrennt von den hauseigenen Mitarbeitern organisieren zu können. Dabei war es für das Zeitarbeitunternehmen besonders aufschlußreich, festzustellen, inwieweit die Zeitmitarbeiter in diesem Fall von der übrigen Belegschaft angenommen wurden, zumal die Überlassenen in der Mehrzahl und außerdem vorwiegend an neu geschaffenen Arbeitsplätzen beschäftigt sind. Die Maßnahmen von Manpower haben wesentlich dazu beigetragen, daß die kritischen Stimmen, die am Anfang gegen die neuen Mitarbeiter vorgebracht wurden, allmählich leiser klangen. Schließlich setzte sich nach Aussagen der Personalleitung auch die Einsicht durch, daß die überlassenen Arbeitskräfte für das Unternehmen außerordentlich nützlich seien und damit dem Wohle aller dienten.

Es läßt sich heute feststellen, daß sich die anfängliche Angst, Zeitmitarbeiter nähmen dem Stammpersonal den Arbeitsplatz weg, gelegt hat. Beweist doch auch der Anschlag am Schwarzen Brett, der die jeweils erzielten Produktionsmengen anzeigt, „daß die Zeitmitarbeiter bei Qualität und Quantität der Ausbringungsmenge gut im Rennen liegen".

Zusätzliche Informations- und Aufklärungsmaßnahmen der Unternehmensführung haben dazu beigetragen, daß das Betriebsklima uneingeschränkt als gut bezeichnet wird. Außerdem hat das Zusammenwirken der vom Unternehmen gestellten Teamleiter und Vorarbeiter nach Angaben der Praktiker vor Ort einen wichtigen Beitrag zur Harmonisierung der gesamten Mannschaft geleistet.

Als besondere Vorteile, Zeitarbeit zu nutzen, hat die Unternehmensleitung die folgenden Punkte zu Protokoll gegeben:

- die Entlastung der firmeneigenen Personalabteilung;
- die festen Rechengrößen der Manpower-Lohnkosten;
- die schnelle Reaktion auf außergewöhnliche Vorkommnisse
- und grundsätzlich die Möglichkeit der raschen Personalbeschaffung für den Auftraggeber.

MTD-Personalleiter Hans-Joachim Deckarm faßt seine Eindrücke zusammen: „Die Arbeitsaufgaben für Zeitarbeiter konzentrieren sich bei Gutbrod im wesentlichen auf die Montage und auf den Bereich Logistik. In Stoßzeiten greifen wir aber auch auf Facharbeiter, vor allem auf Schweißer, zurück, um die oft kurzfristig eingehenden Aufträge schnellstmöglich erfüllen zu können. Dabei handelt es sich meist um Zeiträume von etwa vier bis sechs Wochen, wofür sich der Einsatz von Zeitarbeitern als ein sehr hilfreiches Instrument der Personalbedarfsdeckung erwiesen hat.“

Testreif für den Weltkonzern: Philips in Hamburg

„Einen wichtigen Anteil an der führenden internationalen Bedeutung des gesamten Konzerns haben die deutschen Philips-Unternehmen“, heißt es im Präsentationsbericht, der den 1891 im niederländischen Eindhoven gegründeten, heute internationalen Elektronik-Produzenten vorstellt. Unter seinem Dach und dem der deutschen Tochtergesellschaften werden mittlerweile über 100 Geschäftsbereiche geführt, 60.000 Patente und 10.000 Erfindungen verwaltet. Eine davon ist die inzwischen weitverbreitete CD.

Die deutsche Philips-Organisation wurde 1926 in Berlin gegründet. In ihren mehr als zehn Betrieben werden etwa 17.000 Mitarbeiter beschäftigt. Zur temporären Unterstützung sind zusätzlich etwa 250 Mitarbeiter als „überlassene Mitarbeiter" im Zeitvertrag eingesetzt.

Philips hat länger mit diversen Zeitarbeitunternehmen gearbeitet, da das Angebot bei den annähernd 4.000 Firmen der deutschen Zeitarbeitbranche groß ist. Bei Philips fallen hier Aufträge in Millionenhöhe an.

Das erklärte Ziel der Hamburger Geschäftsleitung der deutschen Philips GmbH ist es, die Umsatzmenge dieser zahlreichen, auch kleinen Zeitarbeitunternehmen auf drei der größten Zeitarbeitanbieter im deutschen Markt zu konzentrieren. Diese Entscheidung bezieht auch den internationalen Branchenführer Manpower ein. Das hat dazu geführt, daß mittlerweile mehr als 750 Manpower-Mitarbeiter zeitweise für den Philips-Konzern tätig waren.

Jutta Fugmann, Key Account Managerin bei Manpower Nord, schildert den Auftakt zur Umsetzung der neuen Beschäftigungsstrategie der deutschen Philips GmbH: „Zunächst haben wir unsere Dienstleistung an allen Standorten von Philips persönlich vorgestellt, da wir überall davon ausgehen, daß ein persönlicher Kontakt die beste Grundlage für eine gute Zusammenarbeit ist. Auch bei Philips hat der kooperative Aufbau unserer Einsätze zu positiven Ergebnissen geführt."

Heute engagieren sich Manpower-Kräfte bei Philips bereits in nahezu allen Tätigkeitsbereichen. Sowohl einfache Bürohilfen als auch Chefsekretärinnen haben als Zeitarbeitnehmer den Weg in den Weltkonzern gefunden. Im gewerblichen Bereich gehören viele Hilfskräfte (wie etwa Löterinnen), aber auch Facharbeiter (z. B. Schlosser) dazu. Selbst Sonderqualifikationen, wie beispielsweise Operators, sind schon über die Schiene des IT-Managements (Information Technology Management) als Zeitmitarbeiter eingebracht und vom Kunden in Festanstellung übernommen worden.

Grundsätzlich ist die Zusammenarbeit zwischen Manpower International und der Philips-Muttergesellschaft in den Niederlanden schon Geschichte. Aber selbst aus den kurzfristigeren Erfahrungen in Deutschland ergab sich die Feststellung, daß Mitarbeiter für einen Einsatz in einem großen Unternehmen leichter zu gewinnen sind als für kleinere, weniger bekannte Firmen. Zeitmitarbeiter wissen das Image des „Internationalen" zu schätzen, ganz abgesehen davon, daß sich speziell bei der Philips GmbH besonders unterschiedliche und zahlreiche interessante Jobs bieten.

Für die lange Reihe der Fähigkeitstests, die die zunehmenden Einsätze bei dem Elektronik-Produzenten erforderten, bewies „Ultradex" einmal mehr seinen unschätzbaren Wert. Im Helferbereich wurden – neben dem Sortier-, Prüf- und Inspektionstest – vor allem der

Printplatten- und der Bewegungskoordinationstest mit großem Erfolg angewandt. Dabei zeigte sich, daß für drei Überlassungen oft zehn bis zwölf Kandidaten zum Test eingeladen werden müssen, um dem Kunden auch tatsächlich optimale Ergebnisse bieten zu können. „Da haben wir schon manchmal wühlen müssen, wenn mehr als zehn Leute auf ihre Einsatzfähigkeit zu testen waren", merkt Jutta Fugmann an.

Deshalb werden bei Manpower nicht selten auch Vorabtests mit Bewerbern durchgeführt, um im Bedarfsfall für die oft kurzfristigen Anforderungen gewappnet zu sein. Im Facharbeiterbereich konnten dagegen für die Philips-Praxis vorwiegend Fragebogen und Zeugnisse ausgewertet werden. Für den kaufmännischen Bereich schließlich erwiesen sich die Sprach- und PC-Tests als besonders nützlich.

Ferner ist im Philips-Vertrag eine weitere individuelle Kundenpflege festgeschrieben, die Jutta Fugmann so schildert: „Wir haben außerdem einen sogenannten Rückerstattungsbonus als Treueprämie vereinbart. Das heißt, wenn der Kunde ein bestimmtes Zeitpersonal-Kontingent überschreitet, gibt es einen volumenabhängigen Bonus." Dieses Vergütungsprinzip realisieren im übrigen alle drei bei Philips tätigen Zeitarbeitfirmen.

Die Arbeitnehmerüberlassung zeigt in vielen Betrieben der deutschen Philips GmbH weiterhin steigende Tendenz: Dies ist eine Erscheinung, die heute generell signifikant für die Entwicklung von Arbeitsmärkten ist.

Weltbild Verlag – Die zweite Schicht wird fremd besetzt

Zeitarbeit ist ein Spiegel unserer Wirtschaftsentwicklung geworden. Das zeigt auch das Manpower-Beispiel der Zusammenarbeit mit dem Weltbild Verlag. Dabei geht es sowohl darum, ganze Funktionsteile aus einer Unternehmensorganisation auszugliedern, als auch darum, Arbeitszeiten flexibel zu disponieren. Die erfolgreiche Umsetzung dieser Anforderungen ist für das Zeitarbeitunternehmen auch ein Beleg dafür, daß seine Trainings- und Testmethoden inzwischen einen eigenen Marktwert besitzen und sich zugleich als Marketingfaktor erwiesen haben.

Im Verlagshaus Weltbild konnte der Zeitarbeiteinsatz wesentlich dazu beitragen, das rasante Wachstum des Hauses organisatorisch in den Griff zu bekommen. Der 1948 gegründete Betrieb beschäftigt gegenwärtig 1.082 Mitarbeiter. Die „Frankfurter Allgemeine Zeitung" hat die wirtschaftliche Entwicklung des in Augsburg ansässigen Unternehmens im April 1997 festgehalten: „Weltbild, schon im Vorjahr mit einem Zuwachs von 43 Prozent allein im Verlagsbereich der größte Wachstumsträger der Branche, hat 1996 noch einmal 60 Prozent zugelegt. Rechnet man zum Verlagsumsatz auch noch den Handelsumsatz hinzu, den Weltbild als Versender und stationärer Buchhändler macht, dann kommt die den deutschen Bischöfen gehörende Gruppe auf einen Gesamtumsatz von 735 (Vorjahr 610) Mio. DM im abgelaufenen Jahr. Der Umsatzzuwachs der Weltbild Verlage beruht auf dem überproportionalen Verkaufserfolg des eigenen Buchversandes."

Im Jahre 1992 beauftragte dieses Verlagshaus die Manpower-Niederlassung Augsburg mit der Überlassung von zehn Mitarbeitern. Damit begann über den Weg der konventionellen Arbeitnehmerüberlassung ein erfolgreiches Partnerschaftsprojekt.

Wegen des rasanten Wachstums wurden immer mehr Zeitmitarbeiter gebraucht, die in erster Linie im Vorweihnachtsgeschäft eingesetzt werden. Die optimale Auslastung der weitläufigen Verpackungsanlage machte eine Sonderschicht notwendig, die nur teilweise mit verlagseigenem Personal gefahren werden konnte. Für eine rasche Personalbeschaffung bot sich die Zeitarbeit an, da mit ihrem Einsatz drei Komponenten verbunden werden konnten:

- Flexibler Einsatz von Personal
- Kalkulierbare Kosten
- Eigene Weisungsbefugnis

Auf diese Weise entstand im Hause Weltbild eine beispielhafte Zusammenarbeit mit externer Personaldienstleistung.

Im Sommer 1996 lud die Niederlassung Augsburg des Zeitarbeitunternehmens ihre Kunden zu einer „Ultradex"-Präsentation ein, um die Vorteile dieses Eignungstests für un- und angelernte Hilfskräfte im gewerblichen Bereich darzustellen. Vor allem bei der Verpackung von Massensendungen entstehen immer wieder Probleme mit Hilfskräften. „Ultradex" wurde angesichts dieser Schwierigkeiten zum Zünglein an der Waage. Die Vielzahl sorgfältig getesteter Mitarbeiter förderte schließlich die Erkenntnis, daß aus der Arbeitnehmerüberlassung ein Werkvertrag werden sollte.

Das herausragende Charakteristikum eines Werkvertrages liegt darin, daß der Auftragnehmer, also der Personaldienstleister, die unternehmerische Eigenverantwortung für einen Auftrag übernimmt. Der Weltbild Verlag überließ dem Zeitarbeitunternehmen damit auch das Weisungsrecht für das von ihm eingesetzte Personal. So trägt die Zeitarbeitfirma jetzt dem Weltbild Verlag gegenüber das gesamte unternehmerische Risiko, einschließlich der Gefahr der Beschädigung vorhandener Anlagen durch die Zeitmitarbeiter.

Im Falle eines Werkvertrages wird allerdings nicht nach Zeiteinheiten abgerechnet, sondern nach dem

Gesamtvolumen der vom Zeitarbeitunternehmen erbrachten Leistung. Beim Beispiel Weltbild hieß das, daß der Personaldienstleister die Spätschicht von 17 bis 20 Uhr in kompletter Eigenverantwortung übernahm: ein Paradebeispiel unternehmerischer Aktivität und Flexibilität, das ohne Leistungsverlust auch Arbeitnehmerinteressen berücksichtigt. Dafür mußten technische wie administrative Führungskräfte noch vor Anlaufen der ersten Schicht bereitgestellt, das heißt geprüft und eingewiesen werden.

In kaum mehr als drei Monaten wurde dieses Projekt funktionsfähig etabliert. Das Zeitarbeitunternehmen stellte dafür eine eigene Projektgruppe zur Verfügung. Bereits parallel zu den Vertragsverhandlungen hatte man eine neue Führungsmannschaft mit 30 Mitarbeitern rekrutiert, Trainingsinhalte definiert und sogar als Videofilm aufgezeichnet. Mehr als 1.000 Bewerbungsgespräche waren notwendig, um 250 leistungsfähige Zeitmitarbeiter „herauszufiltern". Damit die Ausfallquote so gering wie möglich blieb, wurde zudem für jeden Mitarbeiter eine Art Fahrplan entwickelt, der Zuverlässigkeit garantieren sollte.

Elisabeth Züll, zuständige Regionaldirektorin, berichtet: „Das große Vertrauen, das uns der Kunde entgegengebracht hat, war maßgeblich für den Erfolg. Die Möglichkeit, unbefangen die Arbeitsabläufe kennenzulernen, Arbeitspraktiken umsetzen zu können und die Sicherheit zu haben, fair behandelt zu werden, hat nicht nur bei der Kalkulation eines solchen Projekts geholfen, sondern beide Vertragspartner von Anfang an in der Überzeugung bestärkt, die richtige Entscheidung getroffen zu haben."

Mit anderen Worten: „Leistung gegen Leistung". Ein Vorgriff auf die „Arbeitswelt der Zukunft"?

Reinhard Göhner

Zeitarbeit aus Arbeitgebersicht: Mehr Flexibilität für den Arbeitsmarkt

Vielen Beobachtern ist es noch in Erinnerung: Das Image der Zeitarbeit war in der Vergangenheit nicht immer das beste. Das Auftauchen der Zeitarbeit als neue Beschäftigungsform stieß in der Öffentlichkeit auf viele, häufig auch emotionale Vorbehalte. In den achtziger und frühen neunziger Jahren verengte sich die Diskussion um die Zeitarbeit auf deren Mißbrauch. Die Zeitarbeit selbst – und ihr Bild in der Öffentlichkeit – hat sich unterdessen grundlegend gewandelt.

Inzwischen werden in Deutschland etwa 400.000 Arbeitsplätze pro Jahr mit Zeitarbeitskräften besetzt, davon etwa 90 Prozent auf Vollzeitarbeitsplätzen. Die Branche setzte 1995 fast 7 Milliarden DM um. Zeitarbeitfirmen beschäftigen in Deutschland zwischen einigen Dutzend und mehreren tausend Mitarbeiter.

In stärker ausgeprägten Dienstleistungsgesellschaften wie den USA oder den Niederlanden spielt Zeitarbeit noch eine weitaus größere Rolle; einer der größten Arbeitgeber in den USA ist ein Zeitarbeitunternehmen mit etwa 800.000 Beschäftigten.

Hat die Zeitarbeit in Deutschland also noch eine größere Zukunft vor sich? Wie ist die aktuelle Entwicklung aus Arbeitgeber- und Arbeitnehmersicht zu bewerten? Wie werden die Tarifparteien berührt, wie der Arbeitsmarkt, wie der Gesetzgeber?

Moderne Märkte brauchen Flexibilität

Im Zeitalter der Globalisierung ist eine erhöhte Flexibilität der Produktion zu einem wesentlichen Erfolgskriterium geworden. Unterschiedliche Stückzahlen, Kleinserien, Nachfrageschwankungen und projektbezogenes Management bringen insgesamt stärkere mittelfristige Output-Schwankungen mit sich und machen damit auch eine flexiblere Personaleinsatzplanung erforderlich.

- Der Einsatz von Überstunden als kurzfristiges Überdruckventil ist eine teure und nicht immer ausreichend elastische Reaktionsvariante. Eine weitere Flexibilisierung der Arbeitszeit, z. B. durch Arbeitszeitkonten mit langen Ausgleichszeiträumen, könnte den Unternehmen an dieser Stelle Abhilfe verschaffen, doch wird dieses Instrument noch nicht in allen Bereichen und vor allem bei kleineren Betrieben noch nicht ausreichend intensiv genutzt.

- Der Einsatz von Teilzeitarbeitskräften kann ein sinnvolles Reaktionsmuster sein, um im Tages- oder Wochenverlauf anfallenden Spitzenbedarf abzudecken, der allerdings vorhersehbar sein muß.

- Der Einsatz geringfügig Beschäftigter – sog. 610-DM-Arbeitskräfte – kann kurze, aber regelmäßig auftretende Arbeitsspitzen in bestimmten Branchen zu überbrücken helfen. Beispiele hierfür sind Regalnachfüller im Einzelhandel oder Zeitungsausträger. Eine geringfügige Beschäftigung bietet für die Unternehmen gute Reaktionsmöglichkeiten auf einen Spitzenbedarf, der mit möglichst vielen Arbeitskräften gleichzeitig abzudecken ist.

Alle drei beschriebenen Möglichkeiten stoßen aber an Grenzen, wenn es darum geht, eine unerwartet größere oder in ihrer Dauer unsichere Produktionsexpansion personalpolitisch zu begleiten. Zeitarbeit füllt vor allem diese Lücke. Eine IWG/Emnid-Befragung von Entleihbetrieben aus dem Jahre 1995 hat die Gründe für den Einsatz von Zeitarbeit empirisch ermittelt.

Unvorhergesehener Arbeitsanfall oder Terminschwierigkeiten, aber auch Urlaubsvertretungen, Vertretungen für Mutterschaftsurlaub oder Kuren sind die bei weitem am häufigsten genannte Gründe für den Einsatz von Zeitarbeit. Saisonale Arbeitsspitzen, Großaufträge, die die normalen Kapazitäten deutlich übersteigen, werden als nächstes angeführt. Eine kleinere Rolle spielt der Wunsch der Unternehmen, einen Mitarbeiter risikolos zu erproben oder gewisse Fachqualifikationen (Sprach-, EDV-Kenntnisse) punktuell abzurufen. Interessant ist, daß der Wunsch, die Stammbelegschaft zu reduzieren und eine flexible Einsatzreserve von Zeitarbeitskräften aufzubauen, so gut wie keine Rolle spielt.

Insgesamt zeigt sich, daß – neben den erwähnten betriebswirtschaftlichen Anforderungen – auch der Wunsch nach Kalkulierbarkeit der Kosten mancher arbeitsrechtlicher Schutzbestimmungen zu den Triebfedern der zunehmenden Verbreitung von Zeitarbeit zählt. Wer sie einsetzt, delegiert gleichsam das „Arbeitgeberrisiko" auf den Verleiher und erhält im Gegenzug eine klar kalkulierte Arbeitsleistung.

Risiken, wie etwa Krankheit, werden versicherungsrechtlich durch den Verleiher abgedeckt. Der Entleiher bezahlt die Übertragung dieses Risikos durch einen höheren Preis.

Neben dieser Übertragung von Risiken auf den Arbeitgeber „Zeitarbeitfirma" spielt auch das Outsourcing von Personaldienstleistungen eine große Rolle. Von der Lohnbuchhaltung bis zur Personalsuche und -auswahl kann der Entleiher die Dienstleistung beim Unternehmen nachfragen, die er selbst nicht so gut oder so preiswert erbringen kann.

Motive der Arbeitnehmer

Der Markt für Zeitarbeit funktioniert nur dann, wenn er auch für die Arbeitnehmer attraktiv ist. Für die Nutzung dieser Arbeitsform sprechen von seiten der Zeitarbeitnehmer viele Gründe.

- Qualifizierte Arbeitskräfte, die auf der Suche nach einem Betrieb ihrer Wahl sind, könnten in ein festes Arbeitsverhältnis wechseln, schieben diese Option jedoch bewußt hinaus. In Form einer „inversen Probezeit" sucht sich diese Gruppe der Gutqualifizierten den Arbeitsplatz ihrer Wahl gründlich aus. Man möchte eine Vielzahl an Betrieben in der konkreten Arbeitssituation erleben.

- Eine verwandte Gruppe besteht aus den „Abwechslungsorientierten". Ihr Wunsch ist ein sich oft veränderndes Arbeitsumfeld; neue Herausforderungen sind die wichtigsten Motive für solches Verhalten.

Gutqualifizierte und Abwechslungsorientierte machen das Gros der Zeitarbeiter aus. Fast 90 Prozent besitzen eine fundierte Ausbildung. Sie sind Facharbeiter, Handwerker (46 %), Meister (11 %) oder haben sogar einen FH- oder Hochschulabschluß (8 %). Zwei Drittel aller Frauen haben eine kaufmännische Ausbildung. Die Hälfte aller Zeitarbeiter ist unter 30 Jahren alt, ein weiteres Drittel ist unter 40.

- Aber auch unqualifizierte Arbeitnehmer, zum Teil ohne Berufsabschluß, sind vertreten. Ihre Motivation liegt auf der Hand: Sie können von Einsatz zu Einsatz mehr Erfahrungen sammeln. Die Gruppe formal Unqualifizierter bringt häufig überraschend gute Voraussetzungen mit, da in der Regel (z. B. bei

Studienabbrechern) ein erhebliches Maß an Arbeitspotential und Arbeitsbereitschaft zu erwarten ist.

- Auch für „Rückkehrer" in den Arbeitsmarkt ist Zeitarbeit eine Brücke, die ans Ziel führt. Mit Hilfe der Zeitarbeit ist es leichter möglich, etwa nach Zeiten der Kindererziehung, durch einige Leiharbeitseinsätze eine feste Anstellung zu finden.

- Die weitaus überwiegende Zahl der Zeitarbeiter sind ehemalige Arbeitslose aller Qualifikationsstufen. Über die Hälfte der befragten Zeitarbeitskräfte gibt an, ohne die Möglichkeit der Zeitarbeit arbeitslos zu sein. Zeitarbeit ist damit für Beschäftigungssuchende ein wichtiges Element, um das oftmals von Personalleitern als „Manko" angesehene Kriterium der Arbeitslosigkeit durch einige Arbeitseinsätze zu vermindern. Sie können ihre Leistungsfähigkeit und Leistungsbereitschaft in einigen Unternehmen unter Beweis stellen und auf ein Überwechseln in ein dauerhaftes Arbeitsverhältnis hoffen.

Eine so sinnvoll genutzte Zeitarbeit ist für den Zeitarbeitnehmer kein soziales Manko, bietet in der Regel aber auch keine langfristige Perspektive. Über die Hälfte der Zeitarbeitnehmer bleibt weniger als ein Jahr in der Zeitarbeitfirma. Häufig hat sich dann ein neues Beschäftigungsverhältnis ergeben. Zeitarbeit heißt für den Arbeitnehmer somit vor allem Einstiegsmöglichkeit oder Wiedereinstiegsmöglichkeit. Zeitarbeit ist ein Instrument der intensiven Betriebssuche oder der Wunsch nach erhöhter Abwechslung. Immerhin ein Achtel aller Zeitarbeitnehmer bleibt länger als fünf Jahre in der Zeitarbeit.

Zeitarbeit ist also ein flexibler Weg, der vielen die Erreichung unterschiedlicher Ziele ermöglicht. In den letzten vier Jahren haben Zeitarbeitunternehmen über eine Million Mitarbeiter eingestellt und damit dem Arbeitsmarkt mehr Dynamik gegeben.

Die Bundesanstalt für Arbeit und die Zeitarbeit

Auch die Bundesanstalt für Arbeit hat inzwischen eingeräumt, daß Zeitarbeit ein wichtiger Weg ist, um die gestiegenen Flexibilitätsanforderungen in den Betrieben mit den individuellen Wünschen der Arbeitnehmer zu synchronisieren und damit Arbeitsplätze zu schaffen, die ansonsten nicht entstehen würden. Besonders die „Brückenfunktion“ der Zeitarbeit ist für den Auftrag der Bundesanstalt nutzbar. Mitte der neunziger Jahre hat die Bundesanstalt für Arbeit deshalb erstmals die gemeinnützige Überlassung von Arbeitnehmern erprobt und damit das Image der privaten Zeitarbeit noch weiter aufgewertet.

In der Sonderform der gemeinnützigen Arbeitnehmerüberlassung werden vor allem unqualifizierte und ungelernte Arbeitnehmer, die eine wichtige Zielgruppe der Arbeitsmarktpolitik der Bundesanstalt darstellen, besonders gefördert und durch Zeitarbeit in die Lage versetzt, auf dem Arbeitsmarkt eine Beschäftigung zu finden. Gemeinnützige Zeitarbeitunternehmen, wie sie z. B. durch die Initiativen der Bayerischen Bildungswerke der Wirtschaft entstanden sind, haben sich auf die Vermittlung besonderer Zielgruppen des Arbeitsmarktes (Nichtqualifizierte, Langzeitarbeitslose, Behinderte etc.) konzentriert, denen in den privaten Zeitarbeitunternehmen naturgemäß nur wenig Raum zuerkannt werden kann. Die dabei erzielten Ergebnisse sind bislang vielversprechend. Die Aktivitäten sowohl der privaten wie auch der gemeinnützigen Zeitarbeitunternehmen tragen dazu bei, daß viele Arbeitslose über die Zeitarbeit eine Wiedereingliederungschance in den Arbeitsmarkt erhalten.

Zeitarbeit und die Rolle der Tarifpartner

In der öffentlichen Diskussion über Zeitarbeit taucht noch immer der Vorwurf auf, die Arbeitgeber würden mit dem Einsatz von Zeitarbeitskräften eine „Randbelegschaft" in ihren Unternehmen aufbauen, die nicht in den Genuß tarifpolitischer Errungenschaften komme und somit gleichsam eine Belegschaft „zweiter

Klasse" darstelle. Speziell die Gewerkschaften in Deutschland vertreten seit einiger Zeit die These von der zunehmenden Spaltung der Belegschaft in Rand- und Kernbelegschaft.

Doch schon die zahlenmäßige Bedeutung der Zeitarbeit widerlegt diese These. Weder hat der Einsatz von Zeitarbeitnehmern stark zugenommen, noch würde die heute in der Bundesrepublik entliehene Zahl der Arbeitnehmer dazu ausreichen, z. B. in den fünf größten Unternehmen der Wirtschaft eine nennenswerte „Randbelegschaft" aufzubauen. Zwar lassen die Zeitarbeitnehmereinsätze ein insgesamt stetiges Wachstum erkennen, dennoch ist zu erwarten, daß dieser Bereich von der Wirtschaft nur insoweit genutzt wird, wie er ökonomische Vorteile bringt.

Ein zu starker Einsatz von Zeitarbeitnehmern macht für die Unternehmen personalpolitisch ohnehin wenig Sinn. Zeitarbeitnehmer sind für den Entleiher häufig teurer als eine Kernbelegschaft und damit allein kostenmäßig nur für einen unvermeidbaren Spitzenausgleich geeignet. Auch für sie müssen Einarbeitungszeiten aufgebracht werden, auch sie verursachen Weiterbildungskosten im Betrieb. Diese Personalinvestitionen gehen dem Unternehmen bei einem Wechsel des Zeitarbeitnehmers wieder verloren. Insgesamt entstehen damit Mehrbelastungen, die bei einem dauerhaft besetzten Arbeitsplatz entfallen.

Unternehmen sind grundsätzlich an einer langfristigen Bindung des Arbeitnehmers an das Unternehmen interessiert, da kein Betrieb ohne einen großen Anteil von Mitarbeitern, die über langjähriges firmenbezogenes Know-how verfügen, leistungsfähig sein kann. Je komplexer die Produktionsabläufe werden, desto stärker wird auch der Wunsch nach gutqualifizierten und eingearbeiteten Mitarbeitern. Dies ist vor allem daran zu erkennen, daß Personal, das sich im Zeitarbeiteinsatz gut bewährt hat – bei erwartetem längerfristigen Personalbedarf –, in dauerhafte Beschäftigung übernommen und bei dem Zeitarbeitunternehmen letztlich „abgeworben" wird.

Die Frage nach der tarifpolitischen Bindung der Zeitarbeitnehmer muß allerdings gestellt werden. Bislang unterliegen die Zeitarbeitfirmen in der Regel keinen Tarifverträgen. Den Grund hierfür sollte man nicht tabuisieren: Arbeitslose, die den Wiedereinstieg über Zeitarbeit versuchen, verdienen in der Regel etwa 20 Prozent weniger als in ihrem früheren Arbeitsverhältnis (sie werden aber durch die branchenübliche Auszahlung einer steuerfreien „Auslöse" zur Unkostendeckung für die Inkaufnahme dieser Differenz teilweise entschädigt). Arbeitslose Zeitarbeitnehmer zählen jedoch zu den besonders motivierten Arbeitssuchenden, da sie nicht auf eine Vermittlung durch das Arbeitsamt warten, sondern sich aktiv auf den Weg zu einer neuen Stelle begeben.

Eine tarifliche Regelung, die sich zum Ziel setzt, Zeitarbeitnehmer so zu entlohnen, wie es in den Flächentarifverträgen vorgesehen ist, würde diesen sehr sinnvollen und flexiblen Einstiegslohnbereich austrocknen. Mit über 40 Prozent bilden die Metall- und Elektrobereiche den größten Teil des Zeitarbeitmarktes. Die Übertragung der tariflichen Regelungen dieses Bereichs würde die Geschäftsgrundlage der Zeitarbeit bedrohen und die Arbeitsplätze der meisten Zeitarbeitnehmer vernichten.

Die deutschen Arbeitgeber fordern seit langem eine stärkere Einführung und Nutzung von Einstiegstarifen. Der Arbeitsmarkt braucht dringend eine Spreizung des Lohnfächers nach unten, um vorhandene Arbeit in bezahlbare Beschäftigungsverhältnisse umzuwandeln. Mit einer sinnvoll genutzten Zeitarbeit hat sich der Markt ein Ventil geschaffen, das Arbeitnehmern und Arbeitgebern in bestimmten Situationen nützt. Wie auch immer eine zukünftige tarifpolitische Regelung für den Bereich der Zeitarbeit aussehen mag, sie sollte dieses Ventil in jedem Fall offenhalten.

Den rechtlichen Rahmen flexibel gestalten

Die zunehmende Flexibilisierung der Arbeitswelt wird die Bedeutung der Zeitarbeit weiter verstärken. Neben der Tarifpolitik muß auch der Gesetzgeber dafür sorgen, daß Zeitarbeit diejenigen Bedingungen vorfindet, die es ihr ermöglichen, neue Arbeitsplätze zu schaffen. Die rechtlichen Rahmenbedingungen müssen deshalb weiter geöffnet werden, um den Unternehmen – Verleihern wie Entleihern – die Möglichkeit zu geben, den Prozeß der Flexibilisierung aktiv zu gestalten und auf den verstärkten Anpassungsdruck zu reagieren.

Das Arbeitnehmerüberlassungsgesetz (AÜG) verfolgte ursprünglich den Zweck, die Aushöhlung des staatlichen Vermittlungsmonopols zu verhindern. Weitere Ziele waren die Unterbindung illegaler Praktiken von Verleihern und die Verstärkung des arbeits- und sozialversicherungsrechtlichen Schutzes der Leiharbeitnehmer. Insgesamt drückte das AÜG eine eher skeptische Haltung des Gesetzgebers gegenüber der Zeitarbeit aus, die den Verdacht widerspiegelt, es handele sich um eine Branche mit besonders großer staatlicher Handlungsnotwendigkeit und hoher Mißbrauchsgefahr.

Nach dem sehr lange diskutierten Rückzug aus dem staatlichen Arbeitsvermittlungsmonopol am 1. August 1994 und dem Bemühen der Branche, über Selbstverpflichtungen und Standardsetzungen möglicher Kritik zuvorzukommen, war eine Änderung des AÜG überfällig geworden. Nach einem langwierigen Gesetzgebungsverfahren – in dem die Bundesvereinigung der

Deutschen Arbeitgeberverbände (BDA) und der Bundesverband Zeitarbeit (BZA) die Interessen der deutschen Wirtschaft und die der Zeitarbeit wahrgenommen haben – traten die Änderungen des AÜG am 1. April 1997 in Kraft (siehe auch den Beitrag von Robert de la Haye).

Aus Arbeitgebersicht sind die aktuellen Reformbestrebungen aus folgenden Gründen zu begrüßen:

- Die Verlängerung der höchstzulässigen Überlassungsdauer an einen Betrieb auf zwölf Monate,

- die einmalige Zulassung der zeitlichen Deckungsgleichheit von Ersteinsatz und Arbeitsvertrag (Synchronisation),

- die einmalige Zulassung eines befristeten Arbeitsvertrags ohne Vorliegen eines sachlichen Grundes in der Person des Arbeitnehmers sowie die wiederholte Zulassung lückenlos aufeinanderfolgender befristeter Arbeitsverträge mit demselben Arbeitnehmer,

- und die einmalige Zulassung der Wiedereinstellung eines ehemaligen Arbeitnehmers ohne Wartefrist.

Diese Maßnahmen beinhalten die Umsetzung von Forderungen, die von der Wirtschaft über einen langen Zeitraum erhoben wurden. Sie sind wichtige

Schritte in Richtung Gleichstellung der Zeitarbeit mit anderen Beschäftigungsverhältnissen. Der Weg zu mehr Beschäftigung ist allerdings durch die aktuelle Reform noch nicht zu Ende gegangen worden. So stellt sich immer stärker die Frage nach der wirklichen Schutzbedürftigkeit der Arbeitnehmer durch das AÜG. Im Zuge einer weitergehenden Öffnung der Arbeitsmärkte muß im Grunde die weitere Existenzberechtigung des Gesetzes angezweifelt werden dürfen.

Die Möglichkeiten sind nahezu ausgeschöpft, eine Verbesserung der unternehmerischen Situation der Zeitarbeitfirmen auf dem Wege einer Überarbeitung der geltenden Durchführungsanweisungen der Bundesanstalt für Arbeit zu erreichen. Änderungen der Durchführungsanweisungen allein sind nicht mehr ausreichend. Wer der Zeitarbeit weiter verbesserte rechtliche Rahmenbedingungen geben möchte, muß grundsätzlichere Überlegungen anstellen.

Aber auch wenn man diesem Gedanken noch nicht folgen will, sind aus Sicht der deutschen Arbeitgeber weitere substantielle Änderungsvorschläge zum Arbeitnehmerüberlassungsgesetz vorzubringen:

- Die zeitliche Beschränkung der Überlassung an denselben Entleiher sollte aufgehoben werden, mindestens aber, parallel zu den arbeitsrechtlichen Regelungen, auf 18 Monate ausgedehnt werden können.

- Die gelegentliche und nicht gewerbsmäßige Arbeitnehmerüberlassung sollte auch branchenübergreifend erlaubt sein.

- Erlaubnisfreie Arbeitnehmerüberlassung sollte nicht nur durch Tarifverträge, sondern auch durch Betriebsvereinbarungen geregelt werden können.

- Die Arbeitnehmerüberlassung innerhalb eines Konzernverbundes sollte unbeschränkt zugelassen werden. Die Konzernpraxis zeigt, daß noch mehr Arbeitnehmerüberlassungen notwendig sind. Dies stärkt den konzerninternen Wettbewerb und fällt im Grunde nicht in den Regelungsbereich des Arbeitnehmerüberlassungsgesetzes. Sämtliche Arbeitnehmerrechte sind durch individuelles und kollektives Arbeitsrecht gewahrt. Das Beispiel des Volkswagenwerkes, das im Frühjahr 1997 einen solchen Vorschlag gemacht hat, zeigt, daß hier in den Konzernzentralen durchaus Bedarf gesehen wird.

- Weiter sollte die Arbeitnehmerüberlassung nicht nur innerhalb von Konzernen, sondern auch unbegrenzt bei den immer wichtiger werdenden Jointventures möglich sein.

- Grundsätzlich sollten befristete Arbeitsverträge im Rahmen der Arbeitnehmerüberlassung ebenso wie im allgemeinen Arbeitsrecht zugelassen werden –

auch ohne daß sich aus der Person des Leiharbeitnehmers hierfür ein sachlicher Grund ergeben muß.

- Dasselbe gilt für das nach den Änderungen durch das Arbeitsförderungs-Reformgesetz generell fortbestehende Synchronisationsverbot, das im Interesse des Abbaus der Arbeitslosigkeit weiter gelockert werden sollte.

- Es ist zudem nicht einzusehen, warum nur die Schwervermittelbaren im Rahmen der gemeinsamen Arbeitnehmerüberlassung privilegiert werden sollen. Zumindest alle Arbeitslosen müßten vom oben beschriebenen Synchronisationsverbot freigestellt werden.

Die derzeitige Praxis der Arbeitnehmerüberlassung hat zudem einen kleinen rechtspraktischen Schönheitsfehler: das Problem einer unternehmerisch sinnvollen Abgrenzung zwischen Arbeitnehmerüberlassung und Werkvertrag.

Ein Werkvertrag bezieht sich auf das Erbringen einer bestimmten, vorher definierten Leistung. Die Arbeitnehmerüberlassung hingegen überträgt dem Entleiher auch eine Weisungsbefugnis gegenüber dem Zeitarbeitnehmer. Ein Unternehmen, das einen Mitarbeiter im rechtlichen Rahmen eines Werkvertrags zu seinem Kunden schickt, gerät unvermutet in die juristische

Grauzone zur Arbeitnehmerüberlassung. Wenn der Kunde vor Ort derart differenzierte Wünsche äußert, die möglicherweise als Weisungen ausgelegt werden könnten, kann sich der Werkvertrag-Dienstleister schnell im Bereich der unerlaubten Arbeitsüberlassung befinden. Gerade bei betriebsspezifischen EDV-Installationen oder ähnlich gelagerten Fällen kann diese Grauzone sehr schnell erreicht werden.

Unterdessen haben zahlreiche Unternehmen eine Erlaubnis zur Arbeitnehmerüberlassung beantragt, um dieser Regelung vorsorglich zu entsprechen. Die hohen Zahlen bei der Beantragung von behördlichen Arbeitnehmerüberlassungen sind häufig weniger darauf zurückzuführen, daß viele Firmen Zeitarbeit betreiben wollen; sie sind vielmehr oft Ausfluß der unternehmerischen Bemühungen, sich z. B. bei einer PC-Netzwerk-Installation juristisch nichts zuschulden kommen zu lassen. Hier muß grundsätzlich gefragt werden, ob die Maßnahmen zur Erreichung des Schutzziels nicht an den falschen Stellen Wirkung zeigen.

Zukunft der Zeitarbeit

Zeitarbeit ist zu einer wichtigen flexibilitätswahrenden Variablen der Wirtschaft geworden, die für mehr Elastizität an den Stellen sorgt, die ein etwas starr gewordener Arbeitsmarkt nicht mehr von sich aus bereithält.

Der Wunsch der Unternehmen nach mehr Flexibilität, verbesserten Reaktionsmöglichkeiten und personalpolitischer Planbarkeit deckt sich mit dem Wunsch der Arbeitnehmer, unterschiedliche Erfahrungen zu sammeln, auf den Arbeitsmarkt zurückzukehren oder auch sich für neue Aufgaben zu qualifizieren. Zeitarbeit baut damit eine sinnvolle Brücke in den Arbeitsmarkt, die aufgrund der Überteuerung und Übersicherung des Faktors Arbeit immer unverzichtbarer geworden ist.

Unverzichtbar ist aber nicht gleichbedeutend mit dominant. Auch wenn die Möglichkeiten einer sinnvollen Nutzung von Zeitarbeit in Deutschland vermutlich noch längst nicht ausgeschöpft sind – nur etwa 0,6 Prozent aller sozialversicherungspflichtigen Beschäftigungsverhältnisse liegen im Bereich der Zeitarbeit –, ist das Marktpotential begrenzt.

Jeder Arbeitgeber hat ein großes Interesse an einer stabilen, gutausgebildeten und loyalen Belegschaft, die letztlich das Firmen-Know-how transportiert. Die erste mengenmäßige Grenzziehung bei der Zeitarbeit liegt in dem Wunsch der Arbeitgeber, die eigenen Mitarbeiter – und nicht diejenigen der Zeitarbeitfirmen – zu qualifizieren. Zeitarbeit ist für den Entleiher teurer als ein direktes Beschäftigungsverhältnis, weil er auch die Zeitarbeitfirma für die erbrachte Dienstleistung entschädigen muß. Darin liegt die zweite mengenmäßige Grenzziehung. Die Grenzen der Zeitarbeit zieht also ohnehin der Markt, nicht der Gesetzgeber. Zukünftige Reformvorhaben beim Arbeitnehmerüberlassungsgesetz sollten diesen Sachverhalt berücksichtigen.

Dieter Schulte

Arbeitnehmerüberlassung: ein wirksames Instrument gegen Arbeitslosigkeit?

Eines ist völlig klar: Die Arbeitnehmerüberlassung ist aus unserem Wirtschafts- und Gesellschaftssystem nicht mehr wegzuleugnen. Vielmehr ist deren Bedeutung in den letzten Jahren kontinuierlich angestiegen. Die Zahl der Firmen, die gewerbsmäßig Arbeitnehmerüberlassung betreiben, steigt. Die Branche boomt.

Grund hierfür ist an erster Stelle der Wunsch der Unternehmen, die betriebliche Personalpolitik zu flexibilisieren. Hinzu kommen – mit manchen Einschränkungen – auch die persönlichen Vorstellungen einzelner Arbeitnehmerinnen und Arbeitnehmer bezüglich ihrer jeweiligen Berufskarrieren.

Es ist kein Geheimnis, daß der DGB mit seinen Gewerkschaften der Arbeitnehmerüberlassung ausgesprochen kritisch gegenübersteht. Dabei ist allerdings scharf zu unterscheiden zwischen grundsätzlichen Funktionen, die Arbeitnehmerüberlassung in unserer Wirtschaft erfüllen kann, und der Praxis von Verleihbetrieben einerseits und betrieblichen Personalpolitikern andererseits.

Wege zur Überwindung der Arbeitslosigkeit

Arbeitnehmerinnen und Arbeitnehmer und damit auch die Gewerkschaften haben selbstverständlich ein elementares Interesse an sicheren und zugleich auch international konkurrenzfähigen Arbeitsplätzen. In diesem Punkt besteht weitgehende Übereinstimmung. Woran sich die Debatte entzündet, ist allerdings die Frage, auf welchem Weg sich dies erreichen läßt.

Wir beobachten seit geraumer Zeit, daß viel zu viele Unternehmen auf Marktveränderungen lediglich mit der Frage reagieren, wie sich Kosten und insbesondere Personalkosten senken lassen. Dagegen wird viel zu wenig die Frage gestellt, ob und wie Innovationen vorangetrieben werden, insbesondere, wie neue Güter und Dienstleistungen entwickelt und auf die Märkte gebracht werden können. Dies ist ein weites Feld und berührt nur am Rande das Thema dieses Beitrags. Festzustellen bleibt aber, daß Innovationsrückstände der deutschen Wirtschaft mit an erster Stelle genannt werden müssen, um die wachsende Arbeitslosigkeit zu erklären. Die Beseitigung dieser Rückstände ist ein wesentlicher Schlüssel zur Bekämpfung der Arbeitslosigkeit.

Demgegenüber führt die schlichte Anpassung von Kosten an internationale Größen offenkundig zu mehr Arbeitslosigkeit und daneben zu wachsender sozialer Ungerechtigkeit. Vor allen Strategien zur Kostensenkung müssen daher aus Sicht des DGB solche zur Innovation und Markterschließung stehen. Gewiß kann unter Berücksichtigung dieser Strategien eine höhere betriebliche Flexibilität die Wettbewerbsfähigkeit stärken und insofern auch Arbeitsplätze sichern. Potentiell kann dazu auch die Arbeitnehmerüberlassung beitragen.

Die folgenden Vorteile sind es vor allem, die Arbeitnehmerüberlassung für die betriebliche Personalpolitik hat:

- Personalkosten sind dadurch zu reduzieren, daß freiwerdende Stellen nicht sofort wiederbesetzt werden. Ein Leiharbeitsverhältnis kann dann genutzt werden, um Klarheit über die Notwendigkeit einer Wiederbesetzung zu schaffen und um geeignet erscheinende Personen zu „erproben".

- Auffangen von Arbeitsspitzen. Statt Dauerbeschäftigungsverhältnisse einzurichten, kann Arbeitnehmerüberlassung für absehbare, vorübergehende Arbeitsspitzen Personalkosten senken.

- Personalkostenreduzierung durch Einstellung bestimmter betrieblicher Funktionen oder im Zuge der Verringerung betrieblicher Fertigungstiefen. Solche Funktionen können dann gelegentlich durch Arbeitnehmerüberlassung erfüllt werden.

- Personalkosten lassen sich durch Ausweichstrategien vermeiden: Anpassungsprozesse der Belegschaft, die aufgrund des technologischen Wandels erforderlich werden – und dann z. B. Qualifizierungsmaßnahmen nach sich ziehen –, aber auch wegen ständig kürzerer Phasen von Produktionsinnovationen, können unterbleiben. Sie können externalisiert werden, indem Beschäftigte entlassen und gegen „frisch“ qualifizierte Arbeitnehmerinnen und Arbeitnehmer ausgetauscht werden.

All diese potentiellen Funktionen der Arbeitnehmerüberlassung sind geeignet, die Unternehmensflexibilität zu erhöhen. Dies macht das Instrument Leiharbeit für die Unternehmen attraktiv.

Gewandelte Arbeitszeitwünsche

Flexibilität ist heute, wie wir wissen, kein allein auf Unternehmen beschränktes Ziel. Auch bei mehr und mehr Arbeitnehmerinnen und Arbeitnehmern wächst der Wunsch nach Arbeitszeitautonomie, nach der Chance, die persönliche Lebensplanung besser mit der jeweiligen beruflichen Situation harmonisieren zu können.

Eine wachsende Zahl von Arbeitnehmern will dabei mehr Zeitautonomie gerade innerhalb ihres Arbeitsverhältnisses realisiert wissen. Insbesondere die nachwachsende Generation kann sich eine Lebensplanung ohne höhere Flexibilitätselemente kaum noch vorstellen.

Dabei werden vielfältige Gründe genannt:

- Einführung bzw. Ausweitung vorhandener Gleitzeitregelungen mit dem Ziel, Beginn und Ende der täglichen Arbeitszeit selbst bestimmen zu können.

- Möglichst weitgehende freie Wahl des Jahresurlaubs. Damit ist gemeint, die Verteilung des gesamten Urlaubs auf bestimmte Zeitquanten sowie die Plazierung dieser Urlaubsteile innerhalb eines Kalenderjahres frei zu gestalten.

- Freie Wahl, ob jeweils der Vater oder die Mutter eine sogenannte Elternpause zur Betreuung und Erziehung von Kindern in Anspruch nehmen kann sowie gegebenenfalls deren Ausweitung.

- Recht auf die Gewährung längerer „Auszeiten", auf die Herabsetzung der regelmäßigen Arbeitszeit einschließlich einer „Altersteilzeit" oder auf eine andere Mischung von Erwerbsarbeit und Nichterwerbsarbeit. Beispiele hierfür sind etwa die Pflege von Familienangehörigen, die Wahrnehmung ehrenamtlicher Aufgaben im sozialen Bereich, die eigene Fortbildung oder längere (Auslands-)Reisen.

Neben diesen Erwartungen, die innerhalb des Arbeitsverhältnisses zu erbringende Arbeitsleistung flexibler über einen längeren Zeitraum oder gar das gesamte Arbeitsleben verteilen zu können, werden zunehmend auch Wünsche formuliert, die sich auf den Beruf im engeren Sinne beziehen: „Mal etwas Neues ausprobieren", lautet hier das Stichwort.

Für mich ist es eines der wesentlichen Ziele des DGB, zu erreichen, daß Arbeitnehmerinnen und Arbeitnehmer sich solche individuellen Wünsche erfüllen können. Zeitsouveränität zu verwirklichen ist eine der großen Visionen gewerkschaftlicher Programmatik.

Diesem Anliegen stehen allerdings zahlreiche Hemmnisse entgegen, an erster Stelle, daß solche Wünsche bislang nicht mit betrieblichen Erfordernissen (z. B. der Präsenz zu bestimmten Zeiten) in Übereinstimmung gebracht werden konnten, dann aber auch zu starre Denkmuster in den Personalabteilungen sowie eine gewisse Angst von Vorgesetzten, durch mehr Autonomie von Untergebenen Einfluß zu verlieren. Auch unter diesem Gesichtspunkt ist der DGB daher an größerer Flexibilität der Unternehmen interessiert. Potentiell kann die Arbeitnehmerüberlassung auch hierzu einen Beitrag leisten.

Optionen der Flexibilisierung

Den wachsenden Zwängen der Flexibilisierung der Unternehmen ebenso wie der Zunahme von Arbeitszeitautonomieforderungen können Unternehmen, Betriebsräte und Arbeitnehmer nur innerhalb des vom Gesetzgeber bzw. den Tarifparteien gesetzten Rahmens für die betriebliche Personalpolitik entsprechen. Um diesen Rahmen zu erweitern, bieten sich im wesentlichen folgende Strategien an:

- Variante 1: Abbau sogenannter Einstellungshemmnisse im Arbeitsrecht durch Beseitigung von Entlassungshemmnissen, vor allem durch Lockerung kündigungsrechtlicher Bestimmungen (Weg der „Amerikanisierung des Arbeitsrechts“);

- Variante 2: Teilverlagerung des Unternehmerrisikos durch Abwälzung des Beschäftigungsrisikos auf Arbeitnehmerverleiher bzw. – je nach Ausgestaltung des Arbeitsvertrags beim Arbeitnehmerverleiher – direkt auf die betroffenen Arbeitnehmer (Weg der Segmentierung des betrieblichen Arbeitsmarkts);

- Variante 3: Erleichterung des Personalaustauschs zwischen verschiedenen Arbeitgebern zum Ausgleich von Personalüberhängen bzw. -unterhängen (Weg der „Kollegen-Hilfe“);

- Variante 4: Übertragung von betrieblichen Personalreserven auf andere Unternehmen im Konzern durch zeitweilige oder dauerhafte Arbeitnehmerüberlassung, z. B. mit Einsatzteams oder Beschäftigungsgesellschaften (Weg der konzerninternen Segmentierung);

- Variante 5: Steigerung der Flexibilität des Arbeitseinsatzes in Anpassung an Auftragsschwankungen durch Arbeitszeitflexibilisierung, vor allem über Kurzarbeit, Jahresarbeitszeit, Saisonarbeit oder Arbeitszeitkonten (Weg der Lohnkostensenkung bei konstantem Personalbestand);

- Variante 6: Generelle Steigerung der Flexibilität durch Ausbau der Eigenverantwortlichkeit der Arbeitnehmer, gekoppelt mit erweiterten Mitbestimmungsmöglichkeiten (Weg der Organisationskostensenkung).

Die Praxis der Deregulierung: Nullösung für mehr Arbeitsplätze

Die Rahmenbedingungen für die Arbeitsverhältnisse in der Bundesrepublik sind in den letzten zwölf Jahren entsprechend den ersten fünf skizzierten Varianten einschneidenden Änderungen ausgesetzt gewesen.

Im Zuge der Strategie der Deregulierung des Arbeitsrechts hat die gegenwärtige Regierungskoalition seit 1985 schrittweise sowohl den Kündigungsschutz für Arbeitnehmer aufgeweicht (Variante 1) als auch die Segmentierung betrieblicher Arbeitsmärkte über die Begünstigung des Arbeitnehmerverleihs gefördert (Variante 2) und schließlich energisch für Lohnkostensenkungsstrategien (Variante 5) plädiert. Den vorläufig letzten Schritt in dieser Kette stellen die 1996 verabschiedeten Regelungen des Arbeitsförderungs-Reformgesetzes (AFRG) dar, mit denen erneut der Kündigungsschutz reduziert und die Tätigkeit von gewerbsmäßigen Arbeitnehmerverleihern nochmals erleichtert wurde.

Diese Veränderungen der Rahmenbedingungen haben lediglich dazu beigetragen, Umschichtungsprozesse auf den Arbeitsmärkten zwischen verschiedenen Beschäftigungsverhältnissen zu beschleunigen. Erkennbare Beschäftigungszuwächse hat es jedoch nicht gegeben.

Risiken für die Arbeitnehmer

Andererseits waren die beschriebenen Änderungen ein weiterer Mosaikstein zur Steigerung von Risiken für eine wachsende Zahl von Arbeitnehmern.

- Verlust von Arbeitsplätzen: Regelmäßig wird das Instrument der Leiharbeit dazu genutzt, die Zahl der Dauerarbeitsplätze zu reduzieren und an ihre Stelle ungesicherte Arbeitsplätze für den Einsatz von Leiharbeitnehmern zu setzen.

- Zerstörung des Normalarbeitsverhältnisses: Durch den Einsatz von Leiharbeitnehmern wird der Kreis derjenigen, die in den Schutz eines Normalarbeitsverhältnisses einbezogen sind, über die auch sonst zu beobachtenden Entwicklungen hinaus weiter verringert. Dadurch wird dieses Instrument insgesamt und damit auch für die Arbeitnehmer entwertet.

- Druck auf die Arbeitsbedingungen: Der nun auch betriebsintern stattfindende Lohndumping-Prozeß durch z. T. miserable Entlohnung der verliehenen Arbeitskräfte zerstört das bisherige Gleichgewicht der Regulierung von Arbeitsbedingungen und dient insbesondere dazu, einen Disziplinierungsdruck auf die Stammbelegschaften auszuüben.

- Arbeitsschutzgefahren: Die gleichzeitige Bindung von Leiharbeitnehmern an zwei verschiedene Arbeitgeber wirft Probleme auf, wenn es darum geht, die Schutzvorschriften für Arbeitnehmer in vollem Umfang zur Geltung zu bringen. Die Tendenz zur Ausweitung arbeitsschutzfreier Korridore ist unverkennbar.

- Gefährdung der Tarifeinheit: Der Grundsatz der Tarifeinheit im gleichen Betrieb wird durch den Einsatz von Arbeitnehmern durchlöchert, die rechtlich diesem nicht zuzurechnen sind.

- Erosion der Mitbestimmung: Während sich durch den Einsatz von Leiharbeitnehmern die Anzahl derjenigen Arbeitnehmer vergrößert, die nicht von der Mitbestimmung der Arbeitnehmer in den Entleihbetrieben erfaßt sind, kann sich in den Verleihfirmen wegen der ständigen massenhaften Fluktuation keine echte Mitbestimmung entfalten.

Ergänzend hierzu muß schließlich auch die Gefahr bedacht werden, daß sich unter dem Segel legalen Arbeitnehmerverleihs auch verstärkt illegale Verleihpraktiken entfalten können, wovon insbesondere die Bauwirtschaft betroffen ist.

In der Praxis der Arbeitnehmerüberlassung mußte schließlich wiederholt festgestellt werden, daß Gesetzesverstöße und illegale Praktiken auch im Bereich „legaler" Verleiher an der Tagesordnung sind und durch Leiharbeitereinsatz betriebliche und tarifliche Normen und Leistungen unterlaufen werden. Relativ häufig waren z. B. Verstöße festzustellen gegen die Arbeitszeitordnung einschließlich des Verbots der Sonntagsarbeit und gegen die Kündigungsfristen. Daneben kam es vor, daß Nichteinsatzzeiten unbezahlt blieben, Urlaub oder Lohn an Feiertagen verweigert bzw. nicht bezahlt wurden. Schließlich gab es Verstöße gegen das bestehende Synchronisationsverbot, also das Verbot der Befristung des Arbeitsvertrages für die Leiharbeitskraft sowie das Verbot der Kündigung von unbefristet Beschäftigten bei Wiedereinstellung innerhalb von drei Monaten sowie der Beschränkung des Arbeitsverhältnisses auf die Dauer des Ersteinsatzes.

Soziale Regulierung als Ausweg

Angesichts dieser negativen Wirkungen ist die eingangs genannte, äußerst kritische Haltung des DGB zur Arbeitnehmerüberlassung durch praktische Erfahrungen begründet. Diese Kritik dürfte sich auch nur dann in eine konstruktive Gestaltung der Leiharbeit umsetzen lassen, wenn Chancen bestehen, daß Gewerkschaften und die betroffene Branche gemeinsam auf eine Veränderung des gegenwärtigen Zustandes hinwirken. Ausgangspunkt ist hierbei die Frage, wie die Attraktivität der Arbeitnehmerüberlassung vergrößert, zugleich aber ein Anwachsen der beschriebenen Nachteile vermieden werden kann. Durch die heute bestehenden Bedingungen werden jedenfalls die auch aus Sicht des DGB gegebenen, potentiell positiven Wirkungen verspielt.

Ziel sollte es zunächst sein, den Versuch zu unternehmen, die wachsenden Souveränitäts- und Autonomieansprüche der Arbeitnehmerinnen und Arbeitnehmer mit den ebenfalls wachsenden Flexibilisierungsinteressen der Unternehmen zu verbinden und der Arbeitnehmerüberlassung in diesem Rahmen einen allseits akzeptierten Platz zu schaffen. Dazu wäre es erforderlich, eine gezielte Strategie der sozialen Regulierung von Arbeitnehmerüberlassung zu verfolgen.

In Betracht kommen sowohl Gesetzesänderungen als auch tarifvertragliche und betriebliche Regelungen mit dem Ziel, eine Form der Arbeitnehmerüberlassung zu erreichen, die nicht einseitig Beschäftigungsrisiken auf die Arbeitnehmer verlagert und die Anreize nimmt, Leiharbeit zu einem innerbetrieblichen Abwertungswettlauf im Bereich sozialer Standards zu mißbrauchen.

Handlungsbedarf des Gesetzgebers

Zu den Forderungen an den Gesetzgeber gehört an erster Stelle die Wiederherstellung des Synchronisationsverbots mit dem Zweck, ein Arbeitgeberrisiko auch für den Arbeitnehmerüberlasser herzustellen und das immer wieder beklagte „Heuern und Feuern" zu verhindern. Nach der neuen Gesetzeslage kann ein Verleihunternehmen die Leiharbeitskraft für einen ersten Einsatz und gleich daran anschließend deckungsgleich befristet einstellen. Erst für den dritten Einsatz muß die Einstellung unbefristet erfolgen. Zusätzlich kann der Verleiher kündigen und innerhalb von drei Monaten die betreffende Person wieder einstellen. Erst dann treten die bislang gültigen Beschränkungen ein.

Da in der Mehrheit der Überlassungsfälle lediglich ein bis zwei Verleiheinsätze zustande kommen, wurde durch diese Neuregelung für die weit überwiegende Zahl der Arbeitnehmerinnen und Arbeitnehmer das bisherige Synchronisationsverbot praktisch aufgehoben. Zwar wurde in der Gesetzesbegründung noch betont, daß Befristungen und Synchronisation nicht grundsätzlich freigegeben werden sollen, in Wirklichkeit ist aber faktisch die Freigabe hergestellt. Damit ist das Arbeitnehmerüberlassungsgesetz in wesentlichen Teilen unwirksam. Das Arbeitgeberrisiko wird auf die Versichertengemeinschaft abgewälzt. Dies muß wieder geändert werden.

Daneben ist es erforderlich, das doppelte Risiko für die Arbeitnehmer einzugrenzen, sowohl ein vergleichsweise geringeres Einkommen bei der Tätigkeit in einem Verleihunternehmen als auch ein höheres Beschäftigungsrisiko in Kauf zu nehmen. Deshalb sollte – nach kurzer Probezeit – die Kündigungsschutzfrist für Beschäftigte in Verleihunternehmen ausgeweitet werden. Sofern eine Anschlußbeschäftigung nach einem konkreten Einsatz nicht unmittelbar möglich ist, muß das Gehalt im Prinzip weitergezahlt werden. Vereinbarungen zur unbezahlten Freistellung, um die Fortzahlungspflicht zu umgehen, müssen erschwert werden. Allenfalls kommt die Anmeldung von Kurzarbeit durch das verleihende Unternehmen in Betracht.

Der Betriebsrat des entleihenden Unternehmens muß das Recht erhalten, die Existenz unbefristeter Arbeitsverhältnisse beim Verleiher überprüfen zu können. Ergänzend hierzu sind aber auch die Kontrollen zu verschärfen, um illegale Praktiken einzudämmen und auch hierdurch bessere Arbeitsbedingungen bei den Verleihern zu erreichen.

Handlungsbedarf der Tarifparteien

Im Rahmen einer Strategie der sozialen Regulierung von Arbeitnehmerüberlassung muß auch das Instrument des Tarifvertrags in den Blick genommen werden.

Neben der in der Öffentlichkeit vor allem diskutierten Möglichkeit des Abschlusses von Tarifverträgen zwischen Gewerkschaft und Unternehmen, die als Verleiher tätig sind, kommen noch weitere Wege in Betracht. So dürfte es z. B. keine rechtlichen Hemmnisse geben, über einen gemeinsam zwischen den Verleihfirmen und den Gewerkschaften ausgearbeiteten Musterarbeitsvertrag einen Beitrag zur Einschränkung der beschriebenen Risiken zu erbringen, sofern es gelingt, die Einhaltung dieses Vertrags auch zu gewährleisten. Durch geeignete Klauseln ließe sich hierbei, sofern der Wille hierzu vorliegt, sicherstellen, daß Klarheit über die volle Geltung der im Entleiherbetrieb existierenden Tarifverträge auch für die Leiharbeitskräfte besteht. Dies kann auch im Hinblick auf die Frage gelten, welche Berufsgenossenschaft für den verliehenen Arbeitnehmer jeweils zuständig ist.

Auch über die tarifvertragliche Erweiterung der Mitbestimmung von Betriebsräten eines Entleihers auf die Überprüfung der Arbeitsbedingungen von Leiharbeitnehmern sollte gesprochen werden. Hier könnten gemeinsame Absichtserklärungen der Verbände den Boden bereiten für konkrete Abmachungen auf tarifvertraglicher Ebene.

Auch der Weg der tarifvertraglichen Definition von Leiharbeit bzw. die Feststellung, daß keine Leiharbeit vorliegt, können als Möglichkeit in Betracht gezogen werden. Hier gibt es im Bereich des Metallhandwerks drei Tarifverträge, die sich auf den § 1 Absatz 3 Ziffer 1 des Arbeitnehmerüberlassungsgesetzes stützen. Danach liegt dann keine Arbeitnehmerüberlassung vor, wenn durch Tarifvertrag geregelt wird, daß Arbeitgeber des gleichen Wirtschaftszweiges eine vorübergehende Arbeitnehmerüberlassung durchführen, um Kurzarbeit bzw. Entlassungen zu vermeiden.

Zusammenfassende Wertung

Arbeitnehmerüberlassung ist auch aus der Sicht der Gewerkschaften als ein inzwischen fest etabliertes

Instrument unternehmerischer Personalpolitik anzusehen. Ihre Attraktivität für die Unternehmen unter dem Gesichtspunkt der Flexibilitätssteigerung ist offenkundig und rechtfertigt eine offensive Debatte über Möglichkeiten der Gestaltung von Leiharbeitsverhältnissen, insbesondere zur Eingrenzung von Risiken für die betroffenen Arbeitnehmer.

Ein wirksames Instrument gegen die Arbeitslosigkeit ist Arbeitnehmerüberlassung allerdings nicht und kann es auch nicht sein. Durch sie werden am Arbeitsmarkt lediglich Umschichtungsprozesse ausgelöst bzw. verstärkt. Zusätzliche Arbeitsplätze können hierdurch jedoch insgesamt nicht entstehen.

Die Risiken sowohl für die Arbeitnehmer in den Verleihunternehmen als auch für die Entleiher sind bereits heute unübersehbar. Sie verdienen erst recht Beachtung, wenn daran gedacht werden sollte, den Spielraum für gewerbsmäßige Arbeitnehmerüberlassung zu erweitern.

Eine Strategie der sozialen Regulierung von Leiharbeit erfordert sowohl die Revidierung einiger Gesetzesänderungen der jüngsten Zeit als auch die Nutzung tarifvertraglicher und betrieblicher Wege. Die Branche der Zeitarbeitfirmen ist aufgefordert, sich zu erklären, ob sie gemeinsam mit den Gewerkschaften diesen Weg gehen kann und will.

Winfried Haastert

Die Rolle der Zeitarbeit in der Arbeitswelt der Zukunft: Arbeitskraft als „Ware"

Personalpolitik ist als integraler Bestandteil der Unternehmenspolitik immer Weichenstellung für die Zukunft, denn Gegenwart und Vergangenheit sind von ihr nicht mehr beeinflußbar. Die Ungewißheit über den künftigen quantitativen und qualitativen Personaleinsatz bietet zugleich auch eine Chance: Der Mensch ist lernfähig, vorausdenkend, selbständig, mobil und flexibel – und damit „von Natur aus" befähigt, die Ungewißheit der Zukunft zu meistern. Es ist Aufgabe unternehmerischer Personalpolitik, ihn darauf vorzubereiten und seinen Einsatz im Interesse seiner selbst und des ihn beschäftigenden Unternehmens entsprechend zu steuern.

Die Rolle der Zeitarbeit für die Arbeitswelt der Zukunft läßt sich aus deren voraussichtlicher Entwicklung ableiten. Sie läßt sich durch fünf typische Trends charakterisieren.

Trend zur kommunikativen Wirtschaft

Basis dieses Trends ist der technische Fortschritt. Unverändert ersetzt er menschliche Arbeit durch Maschinen bzw. erhöht die Arbeitsproduktivität. Historisch wurden dabei unterschiedliche Arbeitsbereiche betroffen, und das Tempo solcher Veränderungen beschleunigte sich. Üblicherweise bestand ihr Ziel darin, Kosten für Produktions- und Serviceprozesse pro Einheit zu senken (z. B. durch Reduzierung des Zeitbedarfs). Allein diese Substitution durch Maschinen zeigt, daß Arbeit zur ökonomischen Kategorie der „Ware“ gehört.

Nach verschiedenen Kriterien lassen sich beim technischen Fortschritt einzelne Phasen unterscheiden. Häufig wird der Übergang zum Maschinenzeitalter als „erste industrielle Revolution“ bezeichnet. Im Vordergrund stand der Ersatz von körperlicher Arbeit durch holz- oder kohlebeheizte, mit Dampf betriebene Maschinen. Die „zweite industrielle Revolution“ wird durch den Einsatz von Erdöl als primärer und Elektrizität als sekundärer Energie gekennzeichnet. Der Ersatz körperlicher Arbeit schreitet weiter voran, aber zunehmend erfaßt die Substitution nun auch geistige Tätigkeiten. Insbesondere die Elektrizität eröffnet hier neue kommunikative Möglichkeiten. In der „dritten industriellen Revolution“ schließlich werden auch vorrangig geistige Tätigkeiten von „denkenden“ Maschinen übernommen. Computer regeln Planungs-, Steuerungs- und Kontrollprozesse, sie schaffen in geradezu dramatischem Tempo neue Informations- und Kommunikationssysteme – bis hin zur globalen Vernetzung und zur Telearbeit. Heute stehen wir erst am Anfang der integrativen Nutzung verschiedener Medien und ihrer flexiblen Interaktivität. In seiner Grundtendenz globalisiert dieser Trend die Arbeit in Zeit und/oder Raum, was wiederum das Unternehmen in seiner Organisation extern und intern zwangsläufig umstrukturieren muß.

Extern eröffnet sich dem Unternehmen ein globaler Arbeitsmarkt vornehmlich für geistige Tätigkeiten, die zeit- und/oder ortsunabhängig ausgeführt werden bzw. sich in entsprechende Arbeitskomponenten „portionieren" lassen. Auch körperliche Tätigkeiten können von dieser Entwicklung betroffen sein, sofern nicht Integrations-, Transfer- und Transportkosten dem entgegenstehen. Im Unternehmen sind neue Formen erforderlich für die Organisation von Entwicklungs-, Herstellungs-, Vermarktungs- und Verwaltungsprozessen sowie für ihre Spezialisierung und Kooperation mit anderen Unternehmen. Dazu gehören auch Zeitarbeitunternehmen, die das „Outsourcing" von Arbeit, die nicht zum Kerngeschäft gehört, durch bedarfsorientierte und zeitweilige Nutzung externer Arbeitskräfte erleichtern. Beispiele hierfür sind Ingenieurleistungen, die in Indien erbracht und in Deutschland zur komplexen Gesamtleistung integriert werden, oder ein „simultaneous engineering" zwischen Kunden und Lieferanten, oder die Bearbeitung von Konten deutscher Banken in Südostasien.

Intern ermöglicht der Trend zur kommunikativen Arbeitsstruktur dem Unternehmen, den eigenen Personalbestand in dem Umfang zu pflegen, der zur Sicherung, Vermarktung und Entwicklung seiner „spezifischen Geschäftskompetenz" unbedingt notwendig ist. Solche – relativ kleinen – Gruppen von Experten erfordern aufgrund ihrer Anzahl und Kooperation eine schlanke Organisation, die ihnen den engen Kontakt mit dem Management ermöglicht. In dieser Form von Teamarbeit setzt die Informations- und Kommunikationstechnologie nicht unbedingt die räumliche und/ oder zeitliche Kooperation voraus. „Autonome Arbeitsgruppen" und „virtuelles Büro bzw. Unternehmen" markieren diese Entwicklung der künftigen Arbeitswelt. Die Konzentration auf die spezifische Geschäftskompetenz geht einher mit der ständigen Qualifizierung des dafür benötigten Personals und der Auslagerung der dafür nicht benötigten Arbeiten.

Hier bieten sich der Zeitarbeit große Möglichkeiten, denn sie beläßt dem Entleiher die spezifische Geschäftskompetenz, gleichgültig, wo und wie er sie global vermarktet. Wenn die Zeitarbeit am Trend zur kommunikativen Wirtschaft stärker partizipieren will, muß sie ihm selbst ebenfalls folgen. Sie muß über dieselben Medien verfügen können und weltweite Präsenz aufweisen. Sie kann dabei auch global Spezialisten einbeziehen, deren Vorhaltung sich für den Entleiher nicht lohnt – und die ihm vielleicht nicht einmal bekannt sind. In solchen Fällen sollten Entleiher und Zeitarbeitunternehmen frühzeitig kooperieren, um bereits bei der globalen Arbeitsstrukturierung die Einsatzmöglichkeiten von Zeitarbeit gemeinsam zu prüfen.

Wenn die Zeitarbeit sich so entwickelt, kommt sie den typischen Leistungen von Unternehmens- bzw. Personalberatung, Werkunternehmung und Joint-venture-Unternehmung nahe. Ob sich jedoch diese Kategorien in der Arbeitswelt von morgen unverändert erhalten lassen, erscheint zweifelhaft. Unabhängig davon sollten künftig die neuen Dimensionen für die Zeitarbeit optimal genutzt werden, die gerade der Trend zur kommunikativen Arbeitsstrukturierung eröffnet. Im Kern bietet er ihr die Chance, Arbeitsleistung global „just in time and on the spot“ anzubieten. Insbesondere für kleine Unternehmen ist dieser Service der Zeitarbeit wichtig, um den notwendigen Überblick über den globalen Arbeitsmarkt zu bekommen, der ihnen sonst im Rahmen ihrer eigenen Möglichkeiten versagt bliebe. Auf diesem Wege bieten sich ihnen Chancen, ihre spezifische Geschäftskompetenz international zu vermarkten, ohne die dafür insgesamt notwendige personelle Präsenz mit eigenen Mitarbeitern vorhalten zu müssen. Außerdem reduzieren sich für solche Unternehmen durch den Einsatz von internationalen Entleihern die Risiken, die durch vereinzelten Eintritt in den globalen Markt entstehen.

Trend zu globalen Märkten

Der globale Arbeitsmarkt ist nicht nur die Folge der Informations- und Kommunikationstechnologie, die ihn in bestimmten Bereichen erst ermöglicht, sondern auch Bestandteil des allgemeinen Trends zu globalen Märkten. Die aufgezeigten Trends sind nicht voneinander unabhängig, sondern sie ergänzen sich und können sich überschneiden: Sie sind letztlich nur verschiedene Aspekte desselben Themas.

Der Trend zu globalen Märkten ergibt sich häufig z. B. durch zunehmende Internationalisierung im Absatz- oder Beschaffungsmarkt, ferner durch größere Wachstumschancen in Märkten anderer Regionen oder durch stärkere Verlagerung von Wertschöpfungsanteilen zur Kostensenkung. Bei der kommunikativen Arbeitsstrukturierung besteht das Ziel der unternehmerischen Personalpolitik darin, eine bestimmte Arbeit global bestmöglich leisten zu lassen, daher muß sie für alle weltweiten Aktivitäten des Unternehmens die jeweils dafür notwendige personelle Präsenz verfügbar machen. Andernfalls kann das Personal leicht zum Engpaßfaktor werden, der rentables Wachstum begrenzt bzw. verhindert. Auch hier erweitert die unternehmerische Personalpolitik ihre eigenen Möglichkeiten wesentlich, wenn sie ihre Aufgabe mit einer Kombination aus eigener Personalvorhaltung und dem Einsatz von Zeitarbeit zu lösen versucht.

In der Praxis ist es jedoch oft schwierig, überhaupt geeignetes deutsches Personal für Auslandseinsätze zu finden. Selbstverständlich hängt das sehr vom Einzelfall ab. Die Bereitschaft nimmt regelmäßig mit der Dauer des Aufenthaltes und dem Ausmaß ab, in dem Einschränkungen der gewohnten Lebensqualität hingenommen werden müssen. Viele sogenannte „Billiglohnländer" und -regionen im künftigen Wachstumsmarkt Fernost sind im Trend zu globalen Märkten zwar interessant für die Unternehmen, aber für die Mitarbeiter, die dorthin entsandt werden sollen, aus den genannten Gründen nicht attraktiv. Die Entsendung kann teuer werden, auch wegen hoher Nebenkosten, die für solche „Expatriates" entstehen. Bei kritischer Betrachtung der dortigen Arbeits- und Lebensbedingungen stellt diese im Einzelfall lediglich eine angemessene Kompensation dar. Mentale, kulturelle, sprachliche und familiäre Hemmnisse können erschwerend hinzukommen.

Aus diesen Gründen wird die unternehmerische Personalpolitik versuchen, dem Trend zu globalen Märkten mit möglichst wenigen eigenen Mitarbeitern zu genügen, die zum Transfer der spezifischen Geschäftskompetenz unbedingt nötig sind. Im übrigen empfiehlt es sich bei kurzfristigen Einsätzen, im betreffenden Ausland Zeitarbeit zu buchen. Bei längerfristigen Einsätzen oder Daueraufenthalten im Ausland liegt es nahe, Mitarbeiter dort anzuwerben und – eventuell nach Einarbeitung in Deutschland – in ihrem Heimatland zu belassen.

Allerdings ist diese Lösung mit erheblichen Kosten und Risiken verbunden. Oft ist das Unternehmen dann darauf angewiesen, im Zielland tätige Personalberater einzuschalten. Auch in diesen Fällen kann der Rückgriff auf Zeitarbeit erhebliche Vorteile bieten; denn ein landeskundiger Berater vermittelt letztlich doch ihm fremdes Personal. Mit dessen Einstellung ist seine Tätigkeit regelmäßig beendet. Der Verleiher hingegen beschäftigt sein Personal auf Dauer und kennt es daher aus eigener Erfahrung. Dieser Vorteil läßt sich durch Referenzen und Vorstellungsgespräche, die im Ausland häufig nur schwierig durchzuführen sind, kaum gleichwertig ausgleichen. Ein weiterer Vorzug des Verleihers besteht darin, daß er die zugesagte Arbeitsleistung zu erbringen hat, wobei er auch Zeitarbeitnehmer austauschen kann, die den definierten Anforderungen nicht genügen. Insofern erhält der Entleiher seine Arbeitsleistung stets terminierbar und kalkulierbar. Vor allem bezahlt er nur die tatsächlich geleistete Arbeit. Vorlaufkosten, die bei der Einstellung eigenen Personals im Ausland in erheblicher Höhe anfallen, entstehen dem Unternehmen nicht.

Schließlich ergibt sich ein weiterer Vorteil der Zeitarbeit gerade für Unternehmen, die sich im Trend zu globalen Märkten in ein für sie neues Land begeben und dort Aktivitäten aufbauen müssen. Bei Rückgriff auf Zeitarbeit läßt sich das Engagement eigenen Personals leichter befristen, wenn Unsicherheit über den

Erfolg der Aktivität besteht. Erweist sie sich dann aber als dauerhaft, kann das Unternehmen den Zeitarbeitauftrag verlängern. Außerdem kennt es bereits die Zeitarbeitnehmer aus eigener Erfahrung und kann sich für eine eventuelle eigene Einstellung die qualifiziertesten Mitarbeiter aussuchen. Der Verleiher wird dann zugleich zum Arbeitskräftevermittler.

Der beschriebene Weg spart nicht nur Kosten, sondern bewahrt das Unternehmen in einem unbekannten Land davor, Arbeitskräfte – selbst nach vereinbarter Probezeit – einstellen zu müssen. Sind Übernahmen von Zeitarbeitnehmern in großem Umfang geplant, sollte gerade im Ausland frühzeitig eine Abstimmung mit dem Zeitarbeitunternehmen erfolgen. Nach den Erfahrungswerten in Deutschland wechselt zur Zeit knapp ein Drittel der Zeitarbeitnehmer im Laufe der Tätigkeit bei einem Entleihungsunternehmen in ein Dauerarbeitsverhältnis, bei weiblichen Bürokräften sogar die Hälfte.

Der Trend zu globalen Märkten eröffnet der Zeitarbeit also gute Zukunftsperspektiven. Hierfür ist ebenfalls Internationalisierung der Verleihunternehmen wichtig. Dabei kann das Qualifikationsspektrum der Zeitarbeit sehr weit reichen, denn für Auf- und Ausbau von Auslandsaktivitäten wird regelmäßig eine Vielzahl von Spezialisten, technischen und kaufmännischen Angestellten, Arbeitern und Hilfskräften benötigt.

Darunter befinden sich Tätigkeiten, die nicht mehr sinnvoll aus Deutschland ins Ausland zu transferieren sind. Die in Deutschland geltenden Einschränkungen der Zeitarbeit etwa sind, auch nach der Reform des Arbeitnehmerüberlassungsgesetzes, noch immer kontraproduktiv. Zusammenfassend betrachtet, läßt sich ein Auslandsengagement durch größtmöglichen Einsatz von Zeitarbeit erheblich kostengünstiger und sicherer realisieren. Die typischen Vorteile der Zeitarbeit erlangen dort größere Bedeutung, zumal die Risiken und Kosten des eigenen Personaleinsatzes im Ausland größer sind.

Trend zu forciertem Wandel

Dieser Trend ist für das Unternehmen nicht nur eine Konsequenz aus den Trends zur kommunikativen Wirtschaft und zu globalen Märkten. Vielmehr scheint der Markt in allen Parametern variabler und dynamischer zu werden. Die dadurch ausgelösten, immer häufigeren und heftigeren Turbulenzen in seinem Umfeld führen zu verstärkter Unsicherheit und tendenziell zu ständiger Veränderung im Unternehmen. Ihre Vielfalt ist groß: Korrekturen im Leistungsprogramm zur Anpassung an geänderte Kundenwünsche, Umstellungen von Bezugs- und Lieferwegen, internes bzw. externes Wachstum, bis hin zur Flexibilisierung der Aufbau- und Ablauforganisation des gesamten Unternehmens. Gerade der letztgenannte Aspekt wird zur Zeit als strategisches Ziel der Unternehmensführung – als „change management“ – stark propagiert. Die unternehmerische Personalpolitik soll dabei im Sinne eines angestrebten Kompetenzvorsprungs zur organisatorischen und personellen Überlegenheit im Wettbewerb beitragen.

Wandel und damit verbundenes unternehmerisches Risiko hat es in der Wirtschaft schon immer gegeben, aber seine Häufigkeit und Intensität scheinen sich zu vergrößern. Deshalb kann es für das Unternehmen nur vorteilhaft sein, solchen Wandel vorausschauend zu erkennen, um ihn aktiv mitzugestalten.

Unternehmerische Personalpolitik ist hier besonders gefordert, denn die Flexibilität des Unternehmens beruht auf derjenigen seines Personals. Sie wird für den forcierten Wandel in der Praxis oft nur „kleine, aber feine Eliten“ bereitstellen können. Sind diese nicht selbst im Management hinreichend vertreten, müssen sie zumindest mit dessen aktiver Unterstützung den Wandel im Unternehmen realisieren. Da die Aus- und Fortbildung solcher „Change Manager“ durchweg schwierig ist, wird hierfür gerne eine externe Personal- und Unternehmensberatung eingeschaltet. Gleichwohl führen Häufigkeit und Intensität des Wandels künftig zu stärkerer Verunsicherung darüber, wie man den richtigen Zeitpunkt und die optimale Zielrichtung des Wandels herausfindet.

Soweit der Wandel im Unternehmen mit eigenem Personal bewältigt werden kann, dürfte dieses zur Kern- bzw. Stammbelegschaft gehören und entsprechende Schlüsselqualifikationen aufweisen, zu denen z. B. Team-, Motivations- und Problemlösungsfähigkeit sowie Initiative, Kreativität und Organisationstalent gehören. Darüber hinaus bedarf der Wandel – von seiner Planung bis zur Realisierung – vielfältiger Vorbereitungen. Außerdem beinhaltet er im Einzelfall unterschiedliche Aktivitäten, so daß sich der Einsatz von Projektteams bewährt hat und noch an Bedeutung zunehmen wird. Jene können aus eigenem und/oder externem Personal bestehen. Da diese Projektteams häufig zusätzlich zu ihrer normalen Tagesarbeit tätig werden, bietet sich diese Mischung aus eigenen und fremden Mitarbeitern an als eine Ergänzung, die qualitative und quantitative Vorteile mit sich bringt.

Das könnte künftig ein Einsatzgebiet für Zeitarbeit sein, wenn für diese verstärkte Mitwirkung im Trend zu forciertem Wandel die entsprechenden Qualifikationen verfügbar sind. Insofern unterliegt die Zeitarbeit selbst diesem Trend. Heute überwiegen bei Zeitarbeitnehmern noch die gewerblichen Berufe, wie Schlosser, Elektriker, Monteure und Hilfsarbeiter. Bei den quantitativ wesentlich geringeren Angestellten-Tätigkeiten dominieren Einsätze in der Verwaltung und im Bereich der Fertigung.

Ob die Impulse, die für die Erweiterung des Qualifikationsspektrums für Zeitarbeit erforderlich sind, eher vom nachfragenden Entleiher oder vom anbietenden Verleiher ausgehen werden, läßt sich schwerlich absehen. Vielleicht ist auch eine Kooperation beider angesagt, um bereits bei der Strukturierung solcher Projekte den Faktor Zeitarbeit besser berücksichtigen zu können? Jedenfalls entsprechen Zeitarbeiter von Mentalität und Motivation her tendenziell dem Mitarbeitertyp, den das Unternehmen für variable Projekteinsätze braucht: Sie sind an wechselnde Aufgaben, Arbeitstechniken und Arbeitsplätze gewöhnt, ebenso an die stets erforderliche Kooperation mit den Mitarbeitern des Entleihers. Einsatzmöglichkeiten für Zeitarbeit bieten sich an beim temporären Bedarf an Spezialisten, bei Kapazitätsengpässen der eigenen Belegschaft und, unter dem Aspekt der Kostensenkung, für die Leistung bestimmter Arbeiten. Wie weit dabei das notwendige Qualifikationsspektrum künftig reichen kann, läßt sich heute nicht absehen. Immerhin gibt es bereits erfolgreiche Manager, die ein Unternehmen etwa zwecks Sanierung auf Zeit führen, während eine neue Geschäftsleitung gesucht wird, oder zur Abwicklung bestimmter Projekte. Künftig kommt es darauf an, daß sich auch „höhere" Berufsqualifikationen für Zeitarbeit gewinnen lassen, gerade in einer Situation, in der Dauerarbeitsverhältnisse seltener werden, selbst für gutausgebildete Arbeitskräfte mit langer Berufserfahrung.

Trend zur flexiblen Arbeitsorganisation

Je stärker ein Unternehmen den vorgenannten Trends folgt, desto mehr muß die unternehmerische Personalpolitik darauf mit einer flexiblen Arbeitsorganisation reagieren. Hinzu kommt der steigende Kostendruck durch wachsende Intensität des Wettbewerbs. Daher muß Arbeit bestmöglich beschafft und nur insoweit eingesetzt werden, wie sie qualitativ, quantitativ und zeitlich zur unmittelbaren Leistungserstellung nötig ist. Die ständige „Synchronisation" von Arbeit, Leistung und Bezahlung kann bei schwankender Kapazitätsauslastung besonders schwierig werden.

Zunächst wird die unternehmerische Personalpolitik die eigene „Stammbelegschaft" („knowledge worker") auf jenes Mindestmaß zu beschränken versuchen, das für die spezifische Geschäftskompetenz vorgehalten werden muß. Hierfür ist das Dauerarbeitsverhältnis geeignet, wobei die Arbeitszeit selbst durchaus flexibel sein kann. Dann wird die Arbeit (individuell oder gruppenweise) in einem bestimmten Zeitraum (Jahre, Monate, Wochen, Tage) in unterschiedlichem Ausmaß einsetzbar. Je nachdem, wie klein die Stammbelegschaft ist, kann es nach der üblichen Typisierung der Produktionsfaktoren einen limitatorischen Arbeitsbereich geben, der nicht mehr aus Kern-, sondern aus Hilfsfunktionen besteht. Diese müssen aber während der Leistungserstellung unbedingt erfüllt werden.

Hier hängt es vom Einzelfall ab, inwieweit die unternehmerische Personalpolitik bereits Zeitarbeit anstelle eigener Mitarbeiter einsetzt. Im limitatorischen Arbeitsbereich kann bei Rückgriff auf eigenes Personal eine Flexibilisierung der Arbeitszeit unumgänglich werden, wenn eine gleichmäßige Dauerauslastung nicht gesichert erscheint. Es eignen sich aber auch befristete Arbeitsverträge, während „job-sharing" nur unter besonderen Umständen in Frage kommt.

Darüber hinaus gibt es häufig einen komplementären Arbeitsbereich. Das sind Hilfsfunktionen, die während der Leistungserstellung oder in bestimmten Phasen davon nützlich sind, diese zum Beispiel erleichtern, beschleunigen oder verbessern. Dieser Arbeitsbereich, der nur zeitweise abgedeckt werden muß, eignet sich besonders für Zeitarbeit.

Schließlich gibt es den ausschließlich temporären Arbeitsbereich zum Kapazitätsausgleich oder zur Engpaßüberbrückung, für den Zeitarbeit gegenwärtig schon typisch ist: Bei geeigneter Zerlegung, Portionierung und Delegierung von Arbeit kann sich hierfür auch der Werkvertrag anbieten. Wenn aber gleichwohl die Arbeitsleistung der eigenen Belegschaft „vor Ort" im Unternehmen und unter dessen einheitlicher Leitung durch standardisierte oder spezialisierte – sporadische – Arbeiten nur punktuell ergänzt und erweitert werden soll, dann bietet sich Zeitarbeit an.

Mit Zeitarbeit kann die unternehmerische Personalpolitik demnach dem Trend zur flexiblen Arbeitsorganisation entsprechen. Zusätzlich wird die Arbeit kostengünstiger, weil sie nur nach Leistung und ohne Berücksichtigung von Fehlzeiten bezahlt wird. Auch ein Personalaustausch, zum Beispiel aus Qualitätsgründen, ist dann einfacher. Es fallen keine Anwerbungs-, Einstellungs- und Kündigungskosten an. Alle diese Faktoren sind zwar in einer normierten Rate im Stundensatz für Zeitarbeit enthalten, aber eben nicht mit ihrem individuellen und daher nicht kalkulierbaren Anfall. Gleichwohl unterschreiten die Kosten für Zeitarbeit üblicherweise die Kosten eigenen Personals.

In Deutschland hat die Flexibilisierung der Arbeitszeit bisher größere Fortschritte gemacht als die der Arbeitskosten – obwohl, je nach Gestaltung, im Einzelfall beides miteinander verbunden sein kann. Bei Tarifbindung lassen sich die Arbeitskosten direkt nur im übertariflichen Bereich flexibilisieren, z. B. durch freiwillige Zulagen, Erfolgs- und Kapitalbeteiligungen, leistungsabhängige Sonderzahlungen usw. Die Zeitarbeit ist in Deutschland seit dem 1. April 1997 ein unbefristetes oder befristetes Vollarbeitsverhältnis, zudem sozialversichert. Der Vorteil des Zeitunternehmens liegt darin, sich mit der Bezahlung flexibler den jeweiligen Arbeitsmarktverhältnissen anpassen zu können, weil es nicht tarifgebunden ist. Zu einer „marktgerechten“ Bezahlung haben sich die Zeitunternehmen jedoch freiwillig verpflichtet. Jedenfalls wird die unternehmerische Personalpolitik die im Vergleich zu eigenen Arbeitskosten günstigere Bezahlung von Zeitarbeit nutzen, wo immer es möglich ist, vor allem bei zuschlagbehafteten Arbeitsstunden, wie Mehrarbeit, Sonn- und Feiertagsarbeit, Schichtbetrieb usw.

Wegen der Aspekte einer bestmöglichen Synchronisierung zwischen Arbeit, Leistung und Bezahlung durch vermehrten Einsatz von Zeitarbeit kann die unternehmerische Personalpolitik eine eigene Belegschaft vorhalten, die den Bedarf der längerfristigen „Normalbeschäftigung“ unterschreitet. Das gilt auch bei relativ gleichmäßiger Kapazitätsauslastung. Hierfür wäre es allerdings in Deutschland vorteilhaft, wenn die Begrenzung der Einsatzdauer eines Zeitarbeitnehmers bei demselben Entleiher entfiele, ebenso wie die übrigen Beschränkungen. Dem Arbeitsmarkt würde dies insbesondere für „Risikogruppen“, wie Schwervermittelbare oder Hochqualifizierte, zugute kommen. Wenn die unternehmerische Personalpolitik aber die Vorhaltung eigenen Personals unterhalb der Normalbeschäftigung festlegt, muß sie auf eine möglichst proportionale Anpassung der Overhead-Kosten achten. Andernfalls wirkt der Kostenvorteil der Zeitarbeit nur teilweise oder entfällt – wobei im Einzelfall allein die Flexibilität hinreichender Einstellungsgrund bleiben kann.

Zeitarbeit liegt demnach voll im Trend einer flexiblen Arbeitsorganisation. Im eigenen Interesse wird die unternehmerische Personalpolitik dies künftig noch stärker berücksichtigen. Dabei wandelt sie sich von der traditionellen Personalverwaltung zum innovativen Arbeitsmanagement mit individueller Arbeitsstrategie. Dem „Outsourcing" der „Ware Arbeit" wird gegenüber der Alternative des „Inhousing" größere Bedeutung zukommen. Außerdem sind weitere Verkürzungen der persönlichen Arbeitszeit in Zukunft nicht auszuschließen. Sie führen dort zu weiteren Schwierigkeiten, wo zum Beispiel Öffnungs-, Betriebs- und Maschinennutzungszeiten dies arbeitstechnisch oder kostengünstig nicht zulassen. Auch solche Diskrepanzen kann Zeitarbeit vermindern oder gar verhindern. Erweiterte Einsatzmöglichkeiten werden sich für Zeitarbeit dann ergeben, wenn sie – unter Leitung des Entleihers – Arbeitsprozesse und -projekte komplett übernehmen kann. Bei derartigen „Problemlösungen" kann Zeitarbeit wieder dem Werkvertrag näher kommen, wobei die Abgrenzung im Trend zur flexiblen Arbeitsorganisation eher fließend werden dürfte.

Trend zur individuellen Arbeitsflexibilität

Als Konsequenz der vorgenannten Trends ergibt sich für den Arbeitnehmer der Trend zur individuellen Arbeitsflexibilität. Weit stärker noch als gegenwärtig wird künftig seine Bereitschaft gefordert, ein Leben lang zu lernen, wechselnde Arbeitsaufgaben oder -stellen zu akzeptieren. Selbst bei überdurchschnittlichen Kenntnissen und Erfahrungen wird er sich auch an Zeiten der Arbeitslosigkeit gewöhnen müssen, die im besten Fall nur Friktion beim Arbeitsplatzwechsel oder „Lernpause" zur Verbesserung seiner beruflichen Qualifikation sind.

Nicht nur vom Einsatz, sondern auch von der Bezahlung her wird „Arbeit als Ware" stärker in das Bewußtsein rücken: So wird der Arbeitnehmer weder vom lebenslangen Dauerarbeitsverhältnis noch von einer geradlinig nur aufwärts führenden Karriere ausgehen können. Vielmehr wird er seine Arbeit einmal besser und einmal schlechter verkaufen. Dabei wird er auch Tätigkeiten ausüben müssen, die ihn zeitweilig über- oder unterfordern. Deshalb wird er im eigenen Interesse und mindestens zur potentiellen Vorsorge den für ihn relevanten Arbeitsmarkt ständig kritisch beobachten.

Dynamische Eigeninitiative, Kreativität und Risikobereitschaft werden daher in Zukunft ebenso zu den „Schlüsselqualifikationen" erfolgreicher Arbeit gehören wie fachliche Vielseitigkeit und permanente Lernwilligkeit. Die individuelle Vermarktung der Ware Arbeit und ihre Konditionierung wird daher wichtiger werden im Vergleich zu bisherigen kollektiven Reglementierungen – es sei denn, sie ermöglichen die künftig notwendige individuelle Flexibilität. Schließlich müssen mit finanzieller Eigenvorsorge die beruflichen „ups and downs“ ausgeglichen werden, wenn anderweitig keine Kompensation, z. B. durch den Staat, erfolgt.

Zeitarbeit ist unter diesen Umständen besonders vorteilhaft, weil sie die vom Arbeitsmarkt her verlangte Flexibilität der Arbeit mit dem individuellen Streben nach längerfristigen Arbeitsverträgen verbindet. Der Verleiher übernimmt das Arbeitsmarktrisiko, indem er geeignete Einsatzmöglichkeiten auslotet, die selbstverständlich qualitativ, quantitativ, örtlich, zeitlich und preislich wechseln. Der Zeitarbeitnehmer erhält aber durch diesen Wechsel auch stets neue Chancen, zum Beispiel vom Entleiher in ein (besseres) Dauerarbeitsverhältnis übernommen zu werden und sich in vielfältigen beruflichen Herausforderungen zu bewähren („learning by doing“ – „job rotation“). Auch die unternehmerische Personalpolitik wird künftig bei Einstellungen den bisherigen beruflichen Werdegang des Bewerbers unter dem Aspekt der Flexibilität kritischer durchleuchten müssen. Jedenfalls kann die tendenziell negative Bewertung häufigen Stellenwechsels, temporärer Arbeitslosigkeit oder sogenannter „Karriereknicks“ so nicht aufrechterhalten werden. Hier hat der Zeitarbeitnehmer insofern einen Vorteil, als seine Leistung dem Entleiher bereits bekannt ist, wenn er die Übernahme in ein Dauerarbeitsverhältnis erwägt. Frühere Tätigkeiten und deren Beurteilung etwa in einem Zeugnis werden dadurch relativiert. Auch in dieser Hinsicht muß Zeitarbeit von dem negativen Klischee einer „Arbeit zweiter Klasse“ befreit werden.

In Deutschland war bisher etwa die Hälfte der Zeitarbeitnehmer vorher arbeitslos, darunter viele als Langzeitarbeitslose. Darin zeigt sich die positive Wirkung der Zeitarbeit auf den Arbeitsmarkt. Sie ist in den USA noch weit größer, weil dort der Anteil der Zeitarbeit an der Gesamtzahl der Arbeitsverhältnisse wesentlich höher ist. Außerdem entfällt der größte Anteil der Beschäftigungszunahme der letzten Jahre auf den Sektor Zeitarbeit. Auch in Holland haben Zeitarbeit, aber auch Heimarbeit und befristeter Arbeitsvertrag, einen weit höheren Stellenwert als in Deutschland. Hier wird deshalb – auch aus arbeitsmarktpolitischen Gründen – die Bedeutung von Zeitarbeit künftig zunehmen. Sie kann kein Allheilmittel gegen Arbeitslosigkeit sein, aber sie ist ein wirksames und marktkonformes Instrument zu ihrer aktiven Bekämpfung. Selbst wenn sie keinen zusätzlichen Arbeitsbedarf schafft, wandelt sie mehr potentielle in aktuelle Arbeitsnachfrage um. Ihr wesentlicher Vorteil liegt darin, daß sie Arbeit mit weniger institutionellen Arbeitsmarktbeschränkungen anbietet, als es beim Einsatz eigenen Personals der Fall ist. Zugleich verringert Zeitarbeit dadurch den wirtschaftlichen Druck in Richtung weiterer Verlagerung und Rationalisierung von Arbeit. Indirekt wirkt sie insoweit den Trends zur kommunikativen Wirtschaft und zu globalen Märkten für die „Ware Arbeit" entgegen.

Die Auswirkung der Zeitarbeit auf die individuelle Lebensqualität hängt vom Einzelfall ab. Oft gilt sie im Vergleich zum Dauerarbeitsverhältnis als schlechter bezahlt. Bei dieser Bewertung ist kritische Vorsicht angebracht, zumal „Tarifvertrag" und „Arbeitsmarktsituation" nicht identisch sind. Tarifverträge normieren Arbeitsbedingungen längerfristig. Sie können insoweit aktuelle Marktbedingungen nicht oder nur unvollkommen in ihrer gesamten Bandbreite berücksichtigen. Trotz der Tarifverträge hat ein Arbeitnehmer unter den Bedingungen der Marktwirtschaft keinen dauerhaft garantierten Anspruch auf eine bestimmte Bezahlung und auf sonstige Konditionierung einer bestimmten Tätigkeit. Dieses gilt erst recht nicht für den „tariffreien Arbeitsmarkt". Die „vergleichsweise" schlechtere Bezahlung der Zeitarbeit relativiert sich unter diesen Aspekten, zumal dann, wenn die geringere Entlohnung eine Widerspiegelung der jeweils aktuellen Wertschätzung von Angebot und Nachfrage ist.

Zwar mindert, unter rein materiellen Gesichtspunkten betrachtet, die niedriger entlohnte Zeitarbeit auch die Lebensqualität, andererseits muß diese Aussage dann stark relativiert werden, wenn die Alternative zur Zeitarbeit die Arbeitslosigkeit ist. Daher steigt die Akzeptanz von „Einfacharbeitsplätzen" bei Arbeitslosen, wenn sie in Relation zum erreichbaren Sozialeinkommen gestellt wird. Ein weiterer, wesentlicher Faktor für die Akzeptanz ist, wie orts- und zeitgebunden die neue Arbeit geleistet werden muß. Je unabhängiger sie in diesem Sinne ist, desto mehr „Arbeitssouveränität" gewährt sie dem Arbeitnehmer, desto mehr ermöglicht sie ihm eine bessere Abstimmung seiner Arbeitsleistung mit seinen persönlichen Lebensumständen und -gewohnheiten.

Orts- und zeitunabhängige Arbeiten gibt es bisher häufiger in bestimmten Sparten des Dienstleistungssektors als im produzierenden Gewerbe von Industrie, Landwirtschaft und Handwerk. Erst am Anfang ihrer Entwicklung befindet sich die „grenzüberschreitende Telearbeit" (für geistige Arbeiten). Sie überwindet nicht nur die Grenzen von Unternehmen, sondern auch von Regionen. Sie läßt sich insbesondere für die meisten Bürotätigkeiten verwenden, die – zumindest „portioniert" – mit einer gewissen Selbständigkeit ausgeführt werden können. Hierbei spielt die Einordnung in Arbeitshierarchien nur eine unwesentliche Rolle. So kann ein Text in Deutschland diktiert, als Datei nach Fernost geschickt, dort als Sprachaufzeichnung getippt und dann als Text wieder dem Drucker in Deutschland entnommen werden. Der gesamte Vorgang dauert nur wenige Minuten. Weitere Beispiele: Verschiedene Spezialisten arbeiten an unterschiedlichen Standorten in den USA, Japan und Europa als Team simultan an einer bestimmten Problemlösung. Oder durch Vernetzungen zwischen Auftraggeber und Auftragnehmer (wie „simultaneous engineering“ und „just in time“-Produktion) werden vor- und nachgelagerte Prozesse integriert und neue Formen der Auftragsabwicklung von der Planung bis zur Lieferung einer Leistung geschaffen. Außerdem können solche Vernetzungen zur Verbilligung und Verbesserung der Produkte bereits in der Entwicklungs- und Versuchsphase beitragen. Modifikationen und Zufallsvarianten lassen sich „durchspielen“, was die Risiken des Fertigungsbeginns verringert (früher etwa Modellfertigung oder Prototypenbau).

Telearbeit muß aber nicht notwendig zur Vernetzung führen, sondern kann im Gegenteil auch dezentrale und isolierte Arbeitsplätze schaffen, die nur gelegentlicher Kontakte untereinander oder mit dem Vorgesetzten im Unternehmen bedürfen. Das eröffnet neue Formen von Beschäftigung: für Teilzeitarbeitnehmer, Zeitarbeitnehmer, befristete Arbeitnehmer, Dauerarbeitnehmer, Heimarbeitnehmer, arbeitnehmerähnliche freie Mitarbeiter über Selbstangestelltenarbeit bzw. Scheinselbständigkeit bis hin zur echten Selbständigkeit. Auch im Unternehmen kann Telearbeit eine Änderung in der Organisation erfordern, indem sie die Arbeit ausführenden und Arbeit anweisenden Stellen enger zusammenrücken läßt. Vor allem mittlere Managementstufen, die vornehmlich der Komprimierung und Konfektionierung von Informationen dienten, werden so entbehrlich. Die Aufbau- und Ablauforganisation wird „schlanker“ („downsizing“, „lean production“ usw.).

Handelt es sich bei Telearbeit um (Einzel-)Arbeitsplätze, die aus dem Unternehmen – im Sinne einer örtlich und zeitlich konzentrierten Leistungserstellung – ausgelagert werden, können Entfremdung und Vereinsamung beim Arbeitnehmer auftreten. Hier schafft alternierende oder nur zeitweilige Telearbeit Abhilfe, was wiederum die Mehrfachbesetzung von Telearbeitsplätzen ermöglicht. Außerdem muß der Vorgesetzte durch ein verständnisvolles und kooperatives Führungsverhalten helfen. Er sollte sensibel auf jeden Arbeitnehmer eingehen, seine zeitweilige Anwesenheit für „Mitarbeitergespräche“ nutzen, seine zumutbare Belastbarkeit kennen und ihn als wichtigen „Mosaikstein“ im Gefüge des Gesamtunternehmens motivieren und würdigen. Dafür eignet sich ein „management by objectives“, das sich auf Zielvorgabe und -kontrolle konzentriert, wobei allein das Arbeitsergebnis zählt – nicht etwa der individuelle Arbeitsaufwand oder die Arbeitszeit. Hohe Anforderungen kann Heimarbeit an das Zeitmanagement und die Selbstorganisation des Arbeitnehmers stellen. Personalpolitisch wird die mit Telearbeit erreichbare Flexibilität zunehmend wichtiger und außerdem noch kostengünstiger. Sieht man von den ständig sinkenden Kosten eines Telearbeitsplatzes ab, entfallen bei Heimarbeit Büromieten, -ausstattung und -reinigung, Parkplatzgestellung, Essenszuschüsse usw.

Von diesen Vorteilen der Telearbeit profitiert auch die Zeitarbeit. Durch Vernetzung solcher Tele-Zeitarbeitsplätze folgt sie der Globalisierung der Arbeit sowohl im Bereich standardisierter als auch bei spezialisierten Tätigkeiten. Sie erweitert aber auch ihr Flexibilitätsspektrum: An sich bringt sie typischerweise den Arbeitnehmer dorthin, wo Arbeit zu leisten ist. Sind diese Arbeiten aber orts- und zeitunabhängig (bis vielleicht auf Fertigstellungstermine), kann der Zeitarbeitnehmer sogar seinen Arbeitsplatz (ggf. zu Hause) behalten. Daneben wächst die Möglichkeit, Tele-Zeitarbeitnehmer flexibler jeweils in den Unternehmen wechselnder Auftraggeber einzusetzen, wenn sie mit diesem Instrumentarium umgehen können. Die Beherrschung der jeweils neuen informationstechnischen und unternehmensübergreifenden Systeme führt zu einer eigenen Schlüsselqualifikation, welche die Zeitarbeit im Trend zu individueller Arbeitsflexibilität noch stärker vermarkten kann.

„Eine Brücke zu neuen Ufern"

In der Zukunft wird durch Technisierung und Globalisierung der Charakter der Arbeit als „Ware" noch deutlicher werden. Kostendruck und Flexibilisierung werden die Nachfrage der Unternehmen nach Arbeit noch stärker prägen und ihre weitere „Produktdifferenzierung" erzwingen. Dazu gehört die Zeitarbeit, wenn auch Dauerarbeitsplätze für die Stammbelegschaft künftig dominieren werden. Die Grenze zwischen beiden Formen der Arbeit dürfte sich jedoch weiter zugunsten der Zeitarbeit verschieben.

Gegenwärtig trägt dazu die hohe Arbeitslosigkeit bei, wobei auch künftig noch keine dauerhafte Trendwende erkennbar ist. Sie wird mehr Arbeitslose als bisher dazu veranlassen, Zeitarbeit als die bessere Alternative zu nutzen, um wenigstens Arbeitssicherheit zu erhalten, wenn die Arbeitsplatzsicherheit künftig nicht mehr im bisher gewohnten Maße zu bekommen ist.

Bis in die jüngste Vergangenheit galt der Dienstleistungssektor noch als eine Wachstumsbranche, die Arbeitslosigkeit kompensieren konnte. Hierzu zählen: unternehmensnahe Dienstleistungen und Beratungen, Informations- und Wissensarbeit, Spiel-, Vergnügungs- und Sportbranche, Infrastruktur und Umwelt, EDV-Software, Gesundheits- und Pflegedienste, Multimedia, Kultur, Tourismus und Sicherheitswesen. Inzwischen erweist sich der Dienstleistungssektor insgesamt als nicht ausreichend, um die Arbeitslosigkeit zu absorbieren, allenfalls zeigen einige Sparten ein für Arbeit aufnahmefähiges Wachstum. Zu diesen Wachstumsbranchen gehören Telekommunikation und Biotechnologie. Aber das Wachstum der Wirtschaft insgesamt müßte deutlich größer und vor allem: beschäftigungsintensiver verlaufen, um die Arbeitslosigkeit auf ein vertretbares Niveau zurückzuführen.

Zeitarbeit kann – über ihre angestammte Domäne des temporären Beschäftigungsausgleichs in vornehmlich standardisierten Berufen hinaus – in neue Dimensionen vorstoßen. Höherqualifizierung und Spezialisierung bei den angebotenen Berufsbildern machen die Zeitarbeit noch attraktiver. Außerdem sollte sie der Globalisierung und Technisierung der Arbeit folgen sowie den Unternehmen gerade bei Projektgeschäften und Prozeßabläufen Arbeitskomponenten im Sinne von modularen Problemlösungen anbieten. Für die Zeitunternehmen wie für alle Unternehmen wird die Bedeutung von Aus- und Fortbildung zunehmen. Zeitarbeit ist zwar bereits „learning by doing" und „job rotation", aber darüber hinaus läßt sich der Zeitarbeitnehmer um so besser einsetzen, je mehr er dem Entleiher zu „bieten" hat. Gute Arbeitsqualität wird auch künftig ihren guten Preis wert sein. Insofern muß der Zeitarbeitnehmer für seine Flexibilität am Arbeitsmarkt „fit" gemacht und gehalten werden. Seine Beschäftigungsfähigkeit („employability") steigt dadurch. Das liegt im Interesse aller Beteiligten: des Zeitarbeitnehmers selbst, des Entleihers und des Verleihers. Um das lebenslange Lernen zu erleichtern, könnte die berufliche Grundausbildung verkürzt und später jeweils durch spezialisierte „Portionen" ergänzt werden, die auf die Anforderungen der nächsten Arbeitsaufgabe fokussiert sind.

Wenn Zeitarbeit die Perspektiven der Arbeitswelt von morgen stärker nutzt, wird ihre Serviceleistung umfassender und anspruchsvoller. Sie wird dann für die unternehmerische Personalpolitik zu einem zuverlässigen Partner für den Einkauf von Arbeit, wobei die Abgrenzungskonturen zu Werkunternehmung und Unternehmensberatung unschärfer werden. Hierzu muß die Zeitarbeit in Deutschland von den noch bestehenden gesetzlichen Beschränkungen befreit werden.

Der Arbeitnehmer in der Arbeitswelt der Zukunft wird zwar seine Arbeit stärker individuell – und weniger kollektiv – als Ware zu den jeweiligen Konditionen am Arbeitsmarkt verkaufen müssen, aber er selbst muß deshalb nicht zur „Ware" abgestempelt werden. Allerdings darf dabei die Konfliktgrenze zwischen Arbeit als Ware und Selbstwert des Arbeitnehmers nicht ignoriert, sondern sie muß neu definiert werden. Arbeit kann bei gleichzeitig übermäßiger Arbeitslosigkeit ihren Wertewandel in Richtung immaterieller Ziele, wie Selbstbestätigung, Arbeitssouveränität und Eigenverantwortung, nur vollziehen, wenn ihre elementare Funktion der Sicherung von Existenz (und bedingt: von Lebensqualität) hinreichend gewährleistet ist – von wem auch immer. Subventionierte, sog. „gesellschaftliche Erwerbsarbeit“ könnte hierfür eine geeignete Ergänzung bieten. Die Zukunft dürfte dem Arbeitnehmer zugleich mehr Sorgen um Arbeit, aber auch mehr Chancen für und bei der Arbeit eröffnen. Zeitarbeit bietet ihm eine Brücke zwischen Sorge und Chance, eine Brücke zu neuen Ufern.

Jon F. Chait

Personalausstattung der Dienstleistungswirtschaft: Zeitarbeit als Schlüssel zur Vollbeschäftigung

Der Arbeitsmarkt insgesamt und speziell die Dienstleistungsindustrie sind heute einem tiefgreifenden Wandel unterworfen. Die Zeitarbeitbranche, die sich innerhalb des Dienstleistungsgewerbes besonders schnell entwickelt, kann dazu beitragen, daß alle von diesem Wandel profitieren.

Zeitarbeit versucht, die Kluft zu überbrücken zwischen den sich ständig weiter entwickelnden Erfordernissen der Arbeitgeber und den sich verändernden Anforderungsprofilen, welche die Arbeitsuchenden aufweisen müssen. Daß sich die Zeitarbeitbranche zu einem integralen Bestandteil der Dienstleistungsindustrie entwickelt hat, liegt daran, daß sie es den Unternehmen ermöglicht, dem internationalen Wettbewerb die Stirn zu bieten, und gleichzeitig den Arbeitnehmern die Chance eröffnet, die Herausforderungen der sich verändernden Arbeitsmärkte anzunehmen.

Im folgenden wird erstens dargestellt, welche Ursachen es für die positive Beschäftigungsentwicklung in den Vereinigten Staaten gibt und welche Art von Arbeitsplätzen im boomenden amerikanischen Dienstleistungssektor entstanden sind. Zweitens soll verdeutlicht werden, welchen Beitrag die Zeitarbeitindustrie zur Beschäftigungsförderung leisten kann. Und schließlich sei auf die gesetzlichen Rahmenbedingungen hingewiesen, die dabei unterstützend wirken können.

In einer ganzen Reihe von europäischen Ländern existieren zahlreiche überholte Auffassungen darüber, welche Regierungspolitik zwecks Förderung des Wirtschaftswachstums und der Vollbeschäftigung verfolgt werden sollte. Dabei werden Beschäftigungsfragen sowohl in der Bundesrepublik als auch in den anderen europäischen Ländern sehr emotional diskutiert. Demgegenüber sollen hier – aus dem Blickwinkel eines Unternehmens und einer Wirtschaftsbranche – wirksame Methoden der Beschäftigungsförderung erläutert werden. Hierbei sind Erfahrungen mit politischen Maßnahmen früherer Regierungen zu berücksichtigen, die zum Entstehen von Arbeitsplätzen, vor allem im Dienstleistungsgewerbe, beigetragen haben. Angesichts der großen Bandbreite damit verbundener Fragen müssen an dieser Stelle wichtige Aspekte, wie beispielsweise die anzustrebende Beschäftigungsquote oder die Höhe der zu gewährenden Sozialleistungen, bewußt ausgeklammert werden.

Ursachen wirtschaftlichen Wandels

Es steht außer Zweifel, daß wir geradezu revolutionäre Zeiten durchleben. Der wirtschaftliche Wandel erfaßt die Welt mit einer solchen Geschwindigkeit, daß es vielen Menschen schwerfällt, sich den neuen Gegebenheiten anzupassen. Von Osteuropa bis zum Fernen Osten, von Indien bis nach Vietnam, von Südkorea bis

Hongkong und China, überall vollziehen sich tiefgreifende wirtschaftliche Veränderungen. Die Präsenz Chinas sowie weiterer dynamischer Neuankömmlinge auf dem Weltmarkt führt zu einer starken Beeinträchtigung der Märkte der hochentwickelten Volkswirtschaften, etwa in Europa und in den USA.

Diese Veränderungen sind eine unausweichliche Tatsache. In der heutigen globalen Wirtschaft, die immer verflochtener wird, ist es nicht mehr möglich, nationale protektionistische Bestrebungen zu verfolgen. Dies wäre für die Beschäftigungssituation besonders nachteilig in einer Zeit, da in anderen Regionen der Welt alles Menschenmögliche getan wird, um die Voraussetzungen für private Investitionen und unternehmerische Initiativen zu schaffen.

Die drei Hauptursachen des Wandels sind:

- der technologische Fortschritt, der unser Leben und unsere Arbeitswelt verändert;
- die Deregulierung, die Privatisierung und der freie Welthandel, mit der Folge, daß neue, dynamische Konkurrenten auf den Weltmarkt drängen;
- die Bevölkerungsentwicklung, bei der es zu einer zunehmenden Überalterung der Gesellschaften in den hochentwickelten Volkswirtschaften, z. B. Europas oder der Vereinigten Staaten, kommt.

Die Ursachen dieser tiefgreifenden wirtschaftlichen Veränderungen wurden bereits detailliert in zahlreichen Publikationen erläutert und bleiben deshalb hier ausgespart.

Die genannten drei Hauptfaktoren des Wandels – technologischer Fortschritt, demographische Veränderungen und die Deregulierung – hatten zwei wesentliche Entwicklungen zur Folge: erstens Globalisierung und zweitens Deindustrialisierung der hochentwickelten Volkswirtschaften (durch Standortverlagerung). Beide Entwicklungen sind unaufhaltsam und unumkehrbar. Wir sollten deshalb vielmehr darauf abzielen, die Folgen des Wandels zu erfassen, und feststellen, wie sich der private Sektor und die öffentlichen Einrichtungen diesen Entwicklungen am besten anpassen, um so Beschäftigung zu fördern.

Die Globalisierung – als Entwicklung hin zu einer wahren Weltwirtschaft – erfaßt mit unwiderstehlicher Kraft alle Länder und hat besonders in den Bereichen Finanzen, Telekommunikation, Technologie und Unterhaltung sowie im produzierenden Gewerbe bereits zu revolutionären Veränderungen geführt.

Vor allem die neuen Technologien ermöglichen diese Entwicklung, an deren Anfang wir jetzt erst stehen. Denn die Anschaffungskosten sinken, während sich die Bedienerfreundlichkeit verbessert und die Anwendungsmöglichkeiten sich ausweiten. Der Handel überschreitet in zunehmendem Maße die nationalen Grenzen. Das allein sind schon Gründe genug, ein Umdenken in der staatlichen Arbeitsmarktpolitik zu fordern, insbesondere im Bereich der globalen und vielversprechenden Dienstleistungsindustrie.

Tendenz zur Deindustrialisierung

Während die Globalisierung bereits in aller Munde ist, ist das Konzept der „Deindustrialisierung" noch relativ neu. Der Internationale Währungsfonds hat es kürzlich in einer Studie mit dem Titel „Die Deindustrialisierung: ihre Ursachen und Folgen" erläutert. Nach Aussage der IWF-Forscher Robert Rowthorn und Ramana Ramaswamy ist in den Industrienationen zwischen 1970 und 1994 der Anteil der Arbeitsplätze im produzierenden Gewerbe an der Gesamterwerbsquote von 28 Prozent auf 18 Prozent zurückgegangen.

In den Vereinigten Staaten ist weniger als ein Sechstel aller Erwerbstätigen im produzierenden Gewerbe beschäftigt, und auch in Europa sind es mit einem Fünftel nicht viel mehr. Automatisierte Fertigungsmethoden mit der entsprechenden Produktivitätssteigerung führen dazu, daß es in den kommenden Jahren in diesen Ländern immer weniger Arbeitsplätze in der klassischen Produktion geben wird.

Die Deindustrialisierung greift so schnell um sich, daß sie auch bereits die vor kurzem noch als „neu" betrachteten Wirtschaftsbereiche erfaßt. Beispiele hierfür sind das produzierende Gewerbe in Hongkong, Singapur, Taiwan oder die Computerindustrie in den Vereinigten Staaten und in Europa. In der IWF-Studie werden auch erste Anzeichen einer Deindustrialisierung in den Volkswirtschaften des Fernen Ostens konstatiert. War Hongkong einst der beliebteste Standort für die Fertigung von Bekleidungsartikeln, so bezahlen viele Hersteller inzwischen andernorts niedrigere Lohnkosten. Selbst in China zeichnet sich diese Tendenz bereits ab. So erklärte etwa der Werksleiter einer Produktionsstätte in Peking seinen Besuchern, sein chinesisches Unternehmen müsse die Betriebe in die Provinz verlagern, um mit Standorten in anderen asiatischen Billiglohnländern konkurrieren zu können.

Für Europa sind tiefgreifende Veränderungen des eigenen Industriegefüges nichts Neues. Im 15. und 16. Jahrhundert war Flandern eine der wirtschaftlichen Hochburgen Europas mit den Zentren in Brügge und Gent. Brügge war zu jener Zeit vielleicht sogar die prachtvollste Stadt Europas; mit einer Bevölkerungszahl von über 200.000 bot es Paris die Stirn, während London gerade einmal 50.000 Einwohner aufwies.

Die Grundlage des flämischen Reichtums war der Tuchhandel. Die Rohwolle wurde aus England eingeführt, und flämische Weber fertigten daraus Tuchwaren, die in die ganze Welt exportiert wurden und die heimische Wirtschaft florieren ließen. Aber der flämische Handel wurde mit zwei schwerwiegenden Problemen konfrontiert: Aufgrund der Kriege wurde die Lieferung des Rohmaterials immer wieder unterbrochen, und außerdem wurden in England Maschinen entwickelt, dank derer die englischen Weber die Tuchfertigung selbst übernehmen konnten. Das führte zum Niedergang der Wirtschaft in Flandern, während die englische Wirtschaft gleichzeitig erstarkte.

Das amerikanische „Beschäftigungswunder"

Von Interesse ist gegenwärtig die Frage, ob man – angesichts der Tragweite des gegenwärtigen wirtschaftlichen Wandels und seiner Folgen – aus der amerikanischen Erfahrung des Beschäftigungsanstiegs lernen kann.

Bekanntlich sind in den Vereinigten Staaten seit 1993 über 12 Millionen Arbeitsplätze geschaffen worden, sehr viele davon im Dienstleistungssektor. Im Zehn-Jahres-Zeitraum von 1987 bis 1997 ist dort die Gesamtzahl der Arbeitsplätze im amerikanischen produzierenden Gewerbe von 19 auf 18,3 Millionen zurückgegangen, während sie in demselben Zeitraum im Dienstleistungsgewerbe von 24,1 auf 34,4 Millionen stieg.

Aus diesen Zahlen der jüngeren Vergangenheit sind die beträchtlichen Unterschiede zwischen dem Beschäftigungszuwachs im amerikanischen Produktions- und den im Dienstleistungssektor ersichtlich. In der Computer-, der Telekommunikations- und der Kabelindustrie entstanden 1995 allein 400.000 neue Arbeitsplätze, von denen ungefähr zwei Drittel gutbezahlte, hochqualifizierte Berufsprofile erforderten, die vor fünf Jahren noch gar nicht existierten. Diesen 400.000 in nur einem Jahr geschaffenen Arbeitsplätzen steht eine vierjährige Wachstumsphase des amerikanischen produzierenden Gewerbes gegenüber, in deren Verlauf nur 186.000 neue Stellen entstanden.

Während einstmals die Kritiker der USA behaupteten, der jüngste Beschäftigungsanstieg sei lediglich auf Billiglohnarbeitsplätze zurückzuführen, die insbesondere im Dienstleistungssektor entstanden seien, haben Studien der amerikanischen Regierung und anderer Einrichtungen genau das Gegenteil belegt. Die neuesten Daten der Regierung zeigen, daß der Stundenlohn in der Dienstleistungsindustrie inzwischen 92 Prozent des Lohnniveaus des produzierenden Gewerbes erreicht hat, was einer Steigerung um 77 Prozent seit 1964 entspricht. Der jüngste Bericht des Sachverständigenrats des Weißen Hauses stellt fest: „Die althergebrachte Meinung, der zufolge der Beschäftigungszuwachs in der Dienstleistungsindustrie größtenteils Niedriglohngruppen betrifft, ist falsch.“ Derartige

Fakten müssen mit in Betracht gezogen werden, wenn wir erwägen, welche Art von staatlichen Bestimmungen zur Förderung des Wirtschaftswachstums und der Beschäftigung erforderlich sind.

Eine Studie des amerikanischen Arbeitsministeriums über Arbeitsmarkt- und Lohnveränderungen in den Vereinigten Staaten während des wichtigen wirtschaftlichen Übergangszeitraums von 1988 bis 1993 hat ebenfalls das Vorurteil einer steigenden Zahl von Billiglohnarbeitsplätzen widerlegt. Die Schlußfolgerung des Berichts lautet: „Obwohl ein Großteil der Beschäftigung in Niedriglohnbranchen entstand, waren die meisten dort geschaffenen Stellen jedoch relativ hoch bezahlt ... Fast drei Viertel des Beschäftigungszuwachses ... stellten sich in Bereichen der Wirtschaft ein, in denen das Lohn- und Gehaltsniveau der Arbeitnehmer überdurchschnittlich hoch war.“ In derselben Studie heißt es weiter: „Ein beträchtlicher Teil der in jener Zeit entstandenen Arbeitsplätze betraf Führungspositionen, hochqualifizierte und technische Berufe innerhalb der Dienstleistungsindustrie. Es handelt sich in allen drei Fällen um Gruppierungen mit überdurchschnittlichem Einkommen. Innerhalb dieser Industrie- bzw. Beschäftigungsbereiche war der größte Zuwachs auf dem Bildungs- bzw. Gesundheitssektor festzustellen.“

Welche Regierungspolitik stand hinter dieser positiven Entwicklung? Wurden zusätzliche Stellen im öffentlichen Dienst geschaffen? Zwischen 1982 und 1996 gab es keinerlei spezifische Arbeitsförderungsprogramme der amerikanischen Regierung, die auch kaum zusätzliche Stellen im öffentlichen Dienst eingerichtet hat. Dies ist besonders hervorzuheben, da heutzutage in Europa allenthalben die Tendenz besteht, mehr staatliche Stellen und Arbeitsbeschaffungsmaßnahmen zur Lösung der Beschäftigungskrise einzufordern.

Der wahre Grund für das Entstehen neuer Arbeitsplätze ist, daß die Regierung sowohl unter der republikanischen als auch unter der demokratischen Präsidentschaft die allgemeinen Rahmenbedingungen für ein Wirtschaftswachstum bereitgestellt hat, bei dem aus der Förderung privater Investitionen und der Wirtschaft zusätzliche Arbeitsplätze entstanden sind.

Die Schlüsselelemente eines derartig günstigen Wirtschaftsklimas sind: niedrige Einkommensteuern, niedrige Sozialabgaben und Flexibilisierung des Arbeitsmarktes. Sie sind meiner Meinung nach für eine maximale Beschäftigungsförderung unabdingbar:

- Niedrige Einkommen- und Kapitalgewinnsteuern: Ein ganz entscheidender Beitrag zur Ankurbelung der amerikanischen „job machine" ging zweifelsohne von den neuen Existenzgründungen aus. Sehr viele Amerikaner sind in kleinen und mittleren Unternehmen beschäftigt. Zahlreiche gutbezahlte Arbeitsplätze sind in solchen hochentwickelten, zukunftsorientierten Unternehmen entstanden. Ihr Schicksal hängt sehr stark von staatlichen Anreizen durch niedrige Einkommen- und Kapitalgewinnsteuern ab.

Die europäischen Kapitalmärkte werden oft als risikofeindlich bezeichnet. Vielleicht ist dem tatsächlich so, obwohl derlei Kriterien heutzutage im Grunde unwesentlich sind, da das Kapital zu einem internationalen Wirtschaftsgut geworden ist, das dorthin geht, wo es die besten Bedingungen und die effizientesten Unternehmen vorfindet.

- Niedrige Sozialabgaben: Es ist in vielen Untersuchungen dokumentiert, daß die Sozialabgaben wie eine Besteuerung der Arbeit wirken, verringerte Sozialabgaben somit beschäftigungsfördernd sind.

- Arbeitsmarktflexibilisierung: Leider wird der Arbeitsmarkt heutzutage, bildlich gesprochen, zu oft betrachtet wie ein Glas, das nicht „halb voll", sondern „halb leer" ist. Und die Flexibilisierung wird häufig ausschließlich unter dem Aspekt gesehen, daß die Unternehmen dadurch leichter Personal abbauen könnten. Aber dank dieser Flexibilisierung wird auch das Risiko verringert, das bislang immer mit einer Neueinstellung verbunden war. Somit wird mehr Beschäftigung geschaffen. In den Vereinigten

Staaten sind nach Angaben des statistischen Amtes des Arbeitsministeriums, „U. S. Bureau of Labor Statistics, B. L. S.“, nur 15 Prozent der Erwerbslosen mehr als 27 Wochen ohne Arbeit. Anders formuliert sind in den USA lediglich 15 Prozent der Arbeitsuchenden Langzeitarbeitslose, während ihr Anteil in Europa sehr viel höher ist. Die durchschnittliche Dauer der Erwerbslosigkeit beträgt in den Vereinigten Staaten derzeit laut B. L. S. 15 Wochen. Diese Zahlen belegen, daß die Flexibilisierung des Arbeitsmarktes ein Schlüsselaspekt bei der Verringerung der Arbeitslosigkeit ist.

Die Zeitarbeitindustrie hat sich im vergangenen Jahrzehnt sehr stark weiterentwickelt. Sie hilft den Menschen dabei, eine Beschäftigung zu finden, und vermittelt den Unternehmen Arbeitnehmer mit den erforderlichen Fähigkeiten. Dank ihres Erfolges in dem Bemühen, den Unternehmen Arbeitnehmer bzw. Arbeitnehmerinnen mit dem richtigen Anforderungsprofil zur Verfügung zu stellen, verzeichnet die Zeitarbeitbranche sowohl in den Vereinigten Staaten als auch weltweit starke Zuwachsraten, nicht zuletzt auch dank ihrer Fähigkeit, es sowohl den Unternehmen als auch den Arbeitnehmern zu erleichtern, sich an ihr neues Umfeld anzupassen.

Nach Aussage des B. L. S. betrug die Anzahl der Menschen, die im vergangenen Jahr allein in den Vereinigten Staaten als Zeitarbeitnehmer tätig waren, durchschnittlich 2,3 Millionen pro Tag, was einem Anstieg um 6,9 Prozent gegenüber 1995 entsprach. Diese Gruppe der Arbeitnehmer machte im letzten Jahr 1,87 Prozent aller amerikanischen Erwerbstätigen aus, im Vergleich zu einer Quote von 1,78 Prozent im Jahr zuvor.

Fehleinschätzungen der Zeitarbeitbranche

Ein Vorurteil, das gegenüber der Zeitarbeit besteht, liegt in dem „Mythos" des „body shop", wonach Zeitarbeitunternehmen die nächstbeste Stelle beim Kunden einfach mit einem x-beliebigen Zeitarbeiter besetzen. Tatsache ist vielmehr, daß z. B. Manpower eng mit dem Kunden zusammenarbeitet, um in Erfahrung zu bringen, welche Anforderungsprofile er für sein Unternehmen benötigt, dann die Fähigkeiten der Arbeitnehmer mit großer Sorgfalt mißt und diese mit hochentwickelten Schulungsinstrumenten weiter qualifiziert. Diese Test- und Meßverfahren reichen von der Fingerfertigkeit für manuelle Tätigkeiten bis hin zu EDV-Kenntnissen, um so sicherzustellen, daß das Kundenunternehmen und der zu vermittelnde Arbeitnehmer perfekt zueinander passen. Manpower hat ein detailliertes Programm entwickelt, das weltweit angewandt wird, um diese perfekte Übereinstimmung bei der Zuordnung der Arbeitnehmer zu einem Arbeitsplatz sicherzustellen, eine Art Qualitätscheckliste (siehe die Beiträge von Diethelm Bender).

Wer sind die Kunden der Zeitarbeitbranche? Hier gibt es ebenfalls weitverbreitete Fehleinschätzungen. Heutzutage zählen die solidesten Großunternehmen zu den Kunden. Sie setzen Zeitarbeitunternehmen gewissermaßen als „Personalabteilung" ein, die den unterschiedlichen Arbeitsanforderungen eines Konzerns auf multinationaler Ebene gerecht werden muß. Manpower hat im vergangenen Jahr 96 Prozent der Zeitarbeitnehmer an die amerikanischen „Fortune 500" (die 500 umsatzstärksten Unternehmen des Landes) vermittelt.

Das nächste Mißverständnis bezieht sich auf die in der Zeitarbeitbranche gezahlten Löhne und gewährten Sozialleistungen. Die amerikanische Zeitarbeitbranche ist ein Kind der freien Marktwirtschaft. Somit spiegeln die Löhne die Realität des Marktes für neu einzustellende Arbeitnehmer in den jeweiligen Qualifikationen wider. Dieses Lohnniveau kann bisweilen niedriger sein als das der festangestellten Mitarbeiter eines Unternehmens. Hierbei ist jedoch zweierlei zu bedenken: Erstens liegt in einem solchen Fall die Lohnstruktur des Unternehmens über dem marktüblichen Niveau, wobei zu berücksichtigen ist, daß zur Zeit in den USA die von den Unternehmen gezahlten Löhne eher gesenkt werden. Zweitens greifen die Unternehmen in der Regel nicht wegen des Lohnniveaus auf Zeitarbeitnehmer zurück. In Frankreich beispielsweise, wo der Gesamtumsatz von Manpower im vergangenen Jahr bei über 2 Milliarden Dollar lag, müssen wir den Zeitarbeitnehmern nicht nur denselben Lohn zahlen wie den Festangestellten in einer vergleichbaren Position, sondern darüber hinaus einen zehnprozentigen Zuschlag wegen des „prekären Arbeitsverhältnisses".

Ein weiteres Vorurteil, das hier widerlegt werden muß, betrifft das typische Image des Zeitarbeitnehmers als ungelernter Arbeiter ohne jegliche Qualifikation. Dem ist entgegenzuhalten, daß es immer mehr hochqualifizierte Menschen gibt, die – beispielsweise in den Bereichen EDV, Ingenieurwesen, Buchhaltung oder Medizin – Zeitarbeit leisten. Der Bereich, in dem Manpower derzeit den schnellsten Zuwachs verzeichnet – im vergangenen Jahr um 30 Prozent – betrifft die Rekrutierung, Fortbildung und Vermittlung von EDV-Fachkräften, (Programmierer, Systemingenieure und -analytiker u. a.). Die in diesen Bereichen gezahlten Löhne sind relativ hoch und betragen bisweilen über 100 Dollar pro Stunde.

Bei einer weiteren vorgefaßten Meinung, die eigentlich längst überholt sein sollte, geht es um das Verständnis der Zeitarbeit. Zeitarbeit ist in der Tat auch eine Brücke zu einem festen, dauerhaften Beschäftigungsverhältnis. Jedes Jahr finden 35 Prozent unserer amerikanischen Zeitarbeiter und -arbeiterinnen über diesen Weg einen festen Arbeitsplatz. Ungefähr derselbe Prozentsatz gilt für Frankreich, Belgien, die Niederlande und Deutschland. Es steht somit außer Zweifel, daß Zeitarbeitfirmen die einzelnen Arbeitnehmer auch dabei unterstützen, sich auf einem sich verändernden Arbeitsmarkt zurechtzufinden.

Als die amerikanischen Unternehmen vor einigen Jahren vor den Herausforderungen der Globalisierung und Deindustrialisierung standen, suchten sie nach neuen Möglichkeiten der Organisation und der Personalausstattung, um in dieser neuen Welt des weltweiten Wettbewerbs und der Herausforderungen durch neue Spitzentechnologien wettbewerbsfähig bleiben zu können. Die amerikanische Regierungspolitik hat nicht durch erhöhte Ausgaben der öffentlichen Hand in diesen Wandlungsprozeß eingegriffen, sondern Steuermaßnahmen gefördert, die Anreize für Privatinvestitionen boten. Dank einer Vereinfachung der gesetzlichen Bestimmungen wurde darüber hinaus die etwas schwerfällige staatliche Bürokratie umgestaltet, die bisweilen Unternehmen daran gehindert hatte, ihre gesamte Energie auf ihr Kerngeschäft zu konzentrieren.

Das Ergebnis war eine wahre Renaissance der amerikanischen Wirtschaft. Die Mittel wurden dort investiert, wo es am vielversprechendsten war. Da in zukunftsorientierten Bereichen neue Arbeitsplätze geschaffen wurden, sank die Erwerbslosigkeit um die Hälfte, obwohl gleichzeitig in Industriebranchen, die nicht mehr konkurrenzfähig waren, Stellen abgebaut wurden. Heute verzeichnen wir ein stabiles Wirtschaftswachstum mit einer niedrigen Inflationsrate. Zahlreiche amerikanische Unternehmen suchen auf den Weltmärkten nach Expansionsmöglichkeiten. Ihr Wettbewerbsvorteil ergibt sich zum Teil auch aus dem geschickten Einsatz flexibler Beschäftigungsformen.

Hier seien nur einige konkrete Beispiele dafür angeführt, welche Schlüsselrolle Zeitarbeitunternehmen in diesem Prozeß einer Zuordnung der Arbeitnehmer zu neuen Berufsprofilen spielen.

Während früher der Zeitmitarbeiter zeitweilige Personalengpässe überbrücken half, hat sich Zeitarbeit inzwischen zu einem Bestandteil der Personalplanung weiterentwickelt. Das zeigt sich in den Forderungen, die von den Kunden an die Branche gestellt werden:

- eine größere Vorhersagbarkeit der Leistung der Arbeitnehmer,
- höher qualifizierte Zeitarbeitnehmer,
- eine größere Produktivität durch immer bessere Zuordnung der Arbeitnehmer mit den richtigen Anforderungsprofilen im Hinblick auf die zu besetzenden Arbeitsplätze.

Um die Erfüllung dieser Anforderungen zu gewährleisten, hat Manpower ein Qualitätssicherungssystem mit vier Komponenten entwickelt:

- Einschätzung der Erfordernisse des Kunden und seiner Unternehmenskultur,
- Beurteilung der Fähigkeiten des Zeitarbeitnehmers,
- Schulung des Zeitarbeitnehmers,
- Überprüfung der Kundenzufriedenheit (seitens der Unternehmen und seitens der Zeitarbeitnehmer).

Die Einschätzung der Erfordernisse des Kunden – sowohl im Hinblick auf die gewünschten Anforderungsprofile als auch hinsichtlich der spezifischen Unternehmenskultur – ist ein wesentlicher Bestandteil unserer Aufgabe, erfolgreiche, produktive Arbeitnehmer zu vermitteln. In den Niederlanden beispielsweise stellten wir beim Besuch eines Kundenstandorts fest, daß teilweise Arbeitsplatzbeschreibungen und somit Meßkriterien fehlten, daß es weder Einführungsschulungen für das Personal noch Teamaufsicht gab. Folglich war die Motivation der Beschäftigten sehr niedrig, ihre Fluktuation sehr hoch. Unser Manpower-Team in den Niederlanden führte einige Veränderungen ein, wie etwa vor Ort getestete Normen, neue Arbeitsplatzbeschreibungen und Verfahrensordnungen. In der Folge ging die Fluktuationsrate stark zurück, und die Produktivität der Arbeitnehmer, die nunmehr speziell für die jeweiligen Arbeitsplätze ausgesucht worden waren, stieg an.

Instrumente der Qualitätssicherung

Manpower hat eine Reihe von nützlichen Instrumenten entwickelt, um die Fähigkeiten der Arbeitnehmer objektiv messen zu können. Mit „Ultraskill“ werden die Kenntnisse und Fähigkeiten von Sekretariatskräften überprüft. Mit „Teleskill“ läßt sich feststellen, ob der Arbeitnehmer bzw. die Arbeitnehmerin für die Arbeit in einem Call Center geeignet ist, in dem telefonische Kundenanfragen entgegengenommen werden. „Ultradex“ dient dazu, Industriearbeiter auf eine Vielfalt von Fähigkeiten hin zu überprüfen, z. B. auch auf detailgenaues Arbeiten und Qualitätsstreben. „Linguaskill“ ist ein Fremdsprachentest in den wichtigsten Handelssprachen. Darüber hinaus entwickeln wir auch speziell auf die Erfordernisse des Kunden zugeschnittene Instrumente zur Überprüfung von Fähigkeiten (siehe die beiden Beiträge von Diethelm Bender).

Wir sind im übrigen der Auffassung, daß es keine Arbeitnehmer gibt, die völlig ohne Qualifikation sind. Vielmehr verfügen alle Menschen über Fähigkeiten, die eventuell nur verdeckt und ihnen somit selbst nicht bewußt sind, die aber für die Wirtschaft durchaus interessant sein können. Das Manpower-Testsystem „Ultradex" wurde eigens entwickelt, um den am schwersten vermittelbaren Arbeitskräften, den „ungelernten" Industriearbeitern, zu einer Beschäftigung zu verhelfen. Dieser Test hat sich sowohl bei unseren Kunden als auch bei unseren Arbeitnehmern bewährt.

Nachdem die Fähigkeiten der Zeitarbeitnehmer beurteilt worden sind, folgt, als zweiter Schritt in unserem Qualitätsverfahren, die Schulung. Dieser Schritt ist heute wichtiger denn je, da immer mehr Großunternehmen von uns verlangen, ihre gesamte Personalplanung zu managen – und dies nicht selten grenzüberschreitend. Oft wird von uns verlangt, vor Arbeitseinsätzen kundenspezifische Schulungen durchzuführen.

Und genau hier sehen wir unsere Rolle bei der Beschäftigungssicherung und -förderung in einer Zeit des fortdauernden Wandels. Denn häufig werden wir aufgefordert, die Belegschaft eines Betriebes für neue Arbeitsanforderungen innerhalb desselben Unternehmens umzuschulen. Dank unseres Beitrags erlangen die Beschäftigten so jene neuen Kenntnisse und Fähigkeiten, die sie benötigen, um weiter in dem Unternehmen beschäftigt zu bleiben.

In einem deutschen Kreditinstitut beispielsweise haben wir insgesamt 150 Schulungskurse durchgeführt. Als ein namhaftes Pharmaunternehmen in Großbritannien sein EDV-System umstellte, haben wir ein auf diesen Kunden zugeschnittenes Schulungspaket geschnürt, um einen reibungslosen Übergang sicherzustellen. In Japan schulten wir bei Toshiba innerhalb nur eines Monats über 1.500 Angestellte. Und für eine niederländische Bank entwickelten wir ein spezielles Schulungsprogramm für über 300 Mitarbeiter im Bereich Dateneingabe mit dem Ergebnis, daß die Leistung stark gesteigert wurde und dann um 20 Prozent über dem Branchendurchschnitt lag.

Mit der Beurteilung von Fähigkeiten und deren Schulung verfügen wir über die beiden Instrumente, dank derer wir dann anhand spezifischer, in Zusammenarbeit mit dem Kunden erarbeiteter Kriterien auch Meßverfahren für die Kundenzufriedenheit erarbeiten können.

Mit diesen Beispielen soll hier nicht der Eindruck erweckt werden, als hätten wir es mit einer heilen Welt zu tun. Davon kann keine Rede sein. Es ist klar, daß in der sich wandelnden Arbeitswelt weiterhin herkömmliche Arbeitsplätze verlorengehen. Für die neuen Arbeitsplätze werden aber andere Anforderungsprofile, eine hohe Mobilität und Flexibilität benötigt.

Jedes Land wird über Höhe und Dauer der finanziellen Unterstützung eines Arbeitslosen entscheiden und angemessene Fortbildungs- und Umschulungsmaßnahmen festlegen müssen, die bezogen sind auf den jeweiligen sozialen und kulturellen Hintergrund.

Aber die Erkenntnis des sich vollziehenden Wandels darf keine Entschuldigung dafür sein, den Kopf in den Sand zu stecken bzw. sich gegen die unvermeidlichen Entwicklungen zu stemmen. Lester Thurow, ein führender amerikanischer Ökonom, der bekanntermaßen eine sehr kritische Einstellung gegenüber den Auswirkungen der sich verändernden Volkswirtschaften auf die niedrigen Lohngruppen hat, machte dennoch in einem Interview gegenüber „Le Monde“ vor kurzem folgende unverblümte Äußerung. Auf die Frage des Journalisten: „Sie sprechen die Flexibilisierung an. Kommt es dadurch denn nicht zu einer zunehmenden Aushöhlung der festen Beschäftigungsverhältnisse?“ antwortete Professor Thurow: „In Zeiten solch großer technologischer Instabilität, in denen sich ständig Veränderungen vollziehen, ist es nicht möglich, stabile Beschäftigungsverhältnisse zu haben. Es gilt, die Mobilität des einzelnen auf die eine oder andere Art und Weise zu fördern, seine Möglichkeit, das Unternehmen, den Beruf oder die Branche zu wechseln. Einige Arbeitsplätze werden verschwinden, andere werden entstehen – das stellen wir in den Vereinigten Staaten fest. Man muß sich diesem Wandel anpassen.“ Lester Thurow schlußfolgerte: „Man kann ja über den Arbeitsmarkt und den Sozialstaat diskutieren, aber wenn Europa an den neuen Entwicklungen teilhaben möchte, muß es sein gesamtes Wirtschaftsgefüge verändern ... Europa muß zu einem Gesetzgebungs-, Steuer- und Sozialstaatssystem gelangen, das die kleinen und mittleren Unternehmen ermutigt, sich zu großen Unternehmen zu entwickeln ... Es ist auch eine Frage der Einstellung und der Mentalität. Wer Erfolg hat, sollte auch in der Lage sein, reich zu werden, und wer scheitert, sollte die Möglichkeit zu einem Neuanfang haben. Ein Mißerfolg darf nicht zu einer gescheiterten Existenz führen."

Beschäftigungsförderung im Dienstleistungssektor

Zeitarbeit im eigentlichen Wortsinn gibt es in Deutschland nicht. So sind alle Zeitarbeitnehmer vom ersten Einsatz beim Kunden an festangestellte Mitarbeiter von Manpower Deutschland. Die jüngste Reform des Arbeitnehmerüberlassungsgesetzes (AÜG) ist zwar ermutigend, kann allerdings nur ein erster Schritt in die richtige Richtung sein. Wenn die Zeitarbeitbranche in die Lage versetzt werden soll, Menschen, die verzweifelt nach einer Beschäftigung suchen, den passenden Arbeitsplatz zu vermitteln, dann muß der deutsche Gesetzgeber noch mehr tun, um die Beteiligung der Zeitarbeitbranche an diesem Verfahren zu fördern.

Zweifelsohne müssen sowohl die Vereinigten Staaten als auch Europa große Herausforderungen meistern, die sich nicht nur aus der Bevölkerungsentwicklung, sondern auch aus der derzeitigen Ausgabenpolitik der öffentlichen Hand ergeben. Tatsache ist, daß die zahlreichen älteren Menschen in den Vereinigten Staaten und Europa auch in Zukunft natürlich auf ihre Rentenleistungen setzen, von der Wirtschaft aber dabei immer weniger Unterstützung werden erhoffen können.

Selbst in den Vereinigten Staaten, wo das gegenwärtige Wirtschaftswachstum zufriedenstellend ist, wird die Wirtschaft in wenigen Jahren nicht mehr genügend Kraft aufweisen, um die Krankenkassen- oder Rentenleistungen zu erbringen, welche die Menschen erwarten.

Die Einkommenskluft zwischen den reichsten und den ärmsten Mitgliedern unserer Gesellschaft bleibt weiterhin ein schwerwiegendes Problem. Das ist meiner Meinung nach jedoch keine Folge einer Flexibilisierung des Arbeitsmarktes, und die Lösung dieses Problems liegt sicherlich nicht in rigideren Arbeitsmarktbestimmungen. Vielmehr benötigen wir tiefgreifende Maßnahmen, um durch Investitionen, Unternehmergeist und Leistungskraft des einzelnen ein nachhaltiges Wirtschaftswachstum zu fördern.

Wie sähe nun das ideale Modell für Zeitarbeit und mehr Beschäftigung aus? Hier soll eine kurze Antwort auf eine komplexe Frage skizziert werden.

Erstens in bezug auf allgemeine Wirtschaftsfragen:

- Niedrigere Einkommen- und Kapitalgewinnsteuern sind erforderlich, insbesondere im Hinblick auf ausländische Investoren, damit Anreize für die Unternehmen und zur Förderung der Investitionsbereitschaft geschaffen werden.

- Zur Beschäftigungsförderung müssen niedrigere Sozialabgaben eingeführt werden.

- Einkommenssicherung sowie Fortbildungs- bzw. Umschulungsmaßnahmen der Erwerbslosen sind auf einem Niveau zu gestalten, das beschäftigungsfördernd wirkt, aber zugleich Übergangsunterstützung bietet.

- Der Arbeitsmarkt ist insgesamt zu flexibilisieren, z. B. im Hinblick auf Einstellungs-, Abfindungs- und Beschäftigungsbedingungen.

Zweitens in bezug auf die Zeitarbeit:

Zeitarbeitunternehmen arbeiten erfolgreich in zahlreichen Ländern mit teilweise sehr verschiedenen Gesetzesstrukturen. Obschon sich unser Grundkonzept an dem Modell der freien Marktwirtschaft orientiert, muß ich zugeben, daß damit bisweilen Mißbrauch getrieben wird und daß dieses Modell für Europa wahrscheinlich – kulturell bzw. gesellschaftlich gesehen – teilweise nicht akzeptabel wäre. Deshalb sei lediglich auf einige Aspekte aus Gesetzen anderer europäischer Länder verwiesen, die an anderer Stelle dieses Sammelbandes ausführlich dargestellt sind.

Arbeitsplätze durch Flexibilisierung des Arbeitsmarktes

Auf einem starren Arbeitsmarkt wird keine Beschäftigung zu sichern sein, denn in der heutigen Weltwirtschaft wandern die Arbeitsplätze dann einfach ins Ausland ab. Die Globalisierung und Deindustrialisierung erzwingen nicht nur in den Vereinigten Staaten, sondern auch in allen wichtigen europäischen Volkswirtschaften einen Personalabbau im produzierenden Gewerbe. Die Hauptfrage für die Regierungspolitik ist, wie man das Verfahren beschleunigen kann, mit dem arbeitsuchende Menschen auf dem Arbeitsmarkt eine neue Beschäftigung finden können. In den Vereinigten Staaten konnte dieser Übergang dank der Flexibilisierung beschleunigt werden, und die Zeitarbeit hat einen wichtigen Beitrag geleistet, um Menschen als Zeitarbeitnehmer bzw. als Festangestellte erneut zu einem Arbeitsplatz zu verhelfen.

In Deutschland könnte der Arbeitsmarkt durch einen Abbau der derzeit noch bestehenden, die Zeitarbeitbranche stark einschränkenden Hindernisse ausgeweitet werden. Aber zur Verringerung der Arbeitslosigkeit ist es auch erforderlich, eine sehr viel größere Flexibilisierung des Arbeitsmarktes und gegebenenfalls Veränderungen im Steuersystem durchzuführen.

Wie bereits dargelegt, ist die Festlegung der Höhe der Einkommenssicherung und der Ausbildungsbeihilfen für die arbeitslosen Menschen eine Entscheidung, die vor dem jeweiligen kulturellen und gesellschaftlichen Hintergrund eines Landes zu treffen sind. In diesem Zusammenhang ist das „amerikanische" Modell für Kontinentaleuropa vielleicht nicht anwendbar bzw. nicht angemessen.

Aber dem Unternehmen und dem einzelnen ist zumindest die Freiheit zu geben, zusammenzuarbeiten, um die Herausforderungen zu meistern, mit denen sie beide in diesen Zeiten eines ständigen und schnellen Wandels konfrontiert sind. Die Zeitarbeitbranche insgesamt und Manpower im besonderen sind bereit, den erforderlichen Beitrag zu leisten, damit Zeitarbeit zu einem Schlüssel der Vollbeschäftigung wird.

Übersetzung: Susanne Kamme

Martin Bangemann

Die Zukunft der Zeitarbeit in einem geeinten Europa

„Vérités et Mensonges sur le Chômage“ nennt Jacques Lesourne sein Buch, zu deutsch etwa: „Wahrheiten und Unwahrheiten über die Arbeitslosigkeit“. In der Tat gibt es kaum einen Politikbereich, der so strittig behandelt wird wie die Arbeitsmarktpolitik und insbesondere die Frage, welche Einflußfaktoren die Beschäftigung letztendlich determinieren. Die Beantwortung dieser Frage ist jedoch angesichts von mehr als 18 Millionen Arbeitslosen in der Europäischen Union entscheidend für sozialen Frieden, wirtschaftlichen Wohlstand und Wettbewerbsfähigkeit.

Erfreulich ist in diesem Zusammenhang, daß die Qualität der Argumente sich in den letzten Jahren laufend verbessert hat: Flexibilisierung auf Arbeits- und Gütermärkten kann, richtig eingesetzt, die Arbeitslosigkeit in Teilbereichen abbauen. Modernisierung der Wirtschaft und der beschleunigte Einsatz des technischen Fortschritts werden langfristig positive Wirkungen auf den Arbeitsmarkt haben. Damit Europa an Innovationen und an den neuen Technologien der Informations- und Kommunikationswirtschaft teilhaben kann, müssen einzelne, Arbeitgeber, Gewerkschaften und Regierungen partnerschaftlich zusammenarbeiten, um die neue Umstellung zu bewältigen. Um neue Arbeitsplätze zu schaffen, muß rasch gehandelt werden. Dies bedeutet, daß öffentlicher und privater Sektor zusammenwirken müssen. In diesem Zusammenhang wird Zeitarbeit eine deutlich größere Rolle als bisher spielen.

Die Veränderung der Arbeitswelt

Die Frage, warum in einer Marktwirtschaft Unternehmen bestehen, hat der Nobelpreisträger R. Coase einfach, aber einleuchtend beantwortet: Die Koordination von wirtschaftlichen Handlungen durch den Markt ist nicht unentgeltlich, sondern mit Transaktionskosten verbunden. Daher kann es von Vorteil sein, stabile Vertragsbeziehungen in Unternehmen aufzubauen, die dann ihrerseits in Märkten tätig sind. Die Rolle und die Natur der Firma in diesem Sinne ändert sich aber durch die neuen Informations- und Telekommunikationstechnologien ganz entscheidend. Nunmehr wird es möglich sein, die auf Langfristigkeit angelegten Vertragsverhältnisse in den Unternehmen durch andere Vertragsformen zumindest teilweise zu ersetzen. Es entstehen neue Märkte für Zeitarbeitverhältnisse, durch die Teams für konkrete Aufgabenstellungen gebildet werden, die Projekte gemeinsam bearbeiten.

Wenn Wissen und Können, Fähigkeiten und Fertigkeiten räumlich heterogen verteilt sind, dann sind die Unternehmen zudem gefordert, neue Organisationsstrukturen und Formen der Arbeitsgestaltung zu finden. Ein neues Unternehmensmodell baut auf Mitarbeitern in eigenverantwortlichen Teams auf. Die Organisationsstrukturen werden „flacher“, und die Informationsverarbeitung wird zu einer Schlüsseltechnologie.

Die Zeitarbeitunternehmen dienen dabei als Mittler, die hervorragend geeignet sind, eine Brücke zwischen den Flexibilisierungsanforderungen der Unternehmen und dem Sicherheitsstreben der Arbeitnehmer zu bauen. Sie kommen damit zugleich den gewandelten Bedürfnissen der Arbeitnehmer entgegen, denn sie bieten Abwechslung und Sicherheit. In dem Maße, in dem Zeitarbeitunternehmen dieses positive Bild gegenüber beiden Partnern langfristig und glaubwürdig vermitteln, wird die Bedeutung der Zeitarbeit zunehmen. Die positive Wirkung der Zeitarbeit auf den Arbeitsmarkt und die erfolgreiche Behauptung im globalen Wettbewerb werden damit Hand in Hand gehen.

Die dadurch mögliche bessere Nutzung vorhandener Produktionsstätten und -anlagen auf der einen Seite und die bestmögliche Nutzung des vorhandenen Arbeitskräftepotentials auf der anderen Seite werden dazu beitragen, das Wachstum der Wirtschaft zu beschleunigen, den Wohlstand zu mehren und damit insgesamt die hohe Arbeitslosigkeit in Europa abzubauen.

Der Beitrag der Zeitarbeit bisher

Das nach englischem (temporary work) und nach französischem (travail temporaire) Vorbild gestaltete Modell der Zeitarbeit besteht darin, eigene Arbeitskräfte gegen Entgelt anderen Unternehmen zur Verfügung zu stellen. Dies ist für die Wirtschaft der meisten Mitgliedsländer der Europäischen Union seit langem ein unverzichtbares und wirkungsvolles Mittel zur Deckung ihrer Bedürfnisse nach einem flexiblen Arbeitseinsatz. Zeitarbeit ist aber auch für viele Arbeitnehmer attraktiv, die in ihrem Arbeitsleben Abwechslung und neue Erfahrungen wünschen.

Die Unternehmen können mit Hilfe der Zeitarbeit ihren Arbeitskräftebedarf flexibel und rasch decken. Bei schwankendem Arbeitsanfall können Spitzen mit Hilfe von Zeitarbeitnehmern bewältigt werden. Auch wenn Unternehmen bei mittel- und langfristigen Entwicklungen des Arbeitskräftebedarfs zunächst noch zögerlich sind, können Zeitarbeitskräfte zunächst den Arbeitskräftebedarf decken. In vielen Fällen kann es zu einem späteren Zeitpunkt zu einer Übernahme in ein festes Arbeitsverhältnis führen, sofern der Arbeitnehmer dies will.

Zeitarbeitnehmer befinden sich in einem arbeitsrechtlich und sozialversicherungsrechtlich abgesicherten Vertragsverhältnis mit dem Zeitarbeitunternehmen. Sie haben Lohn-, Urlaubs- und alle anderen arbeitsrechtlichen Ansprüche gegen dieses Unternehmen. Auch der Zeitarbeitnehmer ist damit in das System der sozialen Sicherung integriert. Für ihn werden durch das Zeitarbeitunternehmen Beiträge entrichtet, und er hat somit Anspruch auf Leistungen der sozialen Sicherung. Zeitarbeitunternehmen leisten damit in dem System neuer Beziehungen zwischen Arbeitnehmern und Unternehmen einen wesentlichen Beitrag zur Erhöhung der Sicherheit im Verhältnis zwischen den Arbeitnehmern und ihrem Beschäftigungsunternehmen.

Das Image der Zeitarbeit hat sich dabei im Laufe der Zeit geändert und immer weiter positiv entwickelt. Zeitarbeitunternehmen unterscheiden sich heute in der Meinung der Befragten nicht mehr von anderen Dienstleistungsunternehmen. Mehr und mehr werden auch diese Dienstleistungsunternehmen ihre Leistung europaweit anbieten, und von daher ist es an der Zeit, einen Rahmen bereitzustellen, der allen Handlungspartnern gleiche Rechte und Pflichten auferlegt.

Zeitarbeit in Europa

Trotz der zunehmenden Vereinheitlichung der Lebensverhältnisse innerhalb der Europäischen Union ist Zeitarbeit in den Mitgliedstaaten bislang unterschiedlich geregelt: Es gibt Länder, in denen jegliche Form der Zeitarbeit durch gesetzliche Bestimmungen verboten ist. Hierzu gehören Italien, in dem ein gesetzgeberischer Versuch zu einer anderen Regelung im Jahre 1996 abgebrochen wurde, und auch Griechenland. In den anderen Mitgliedsländern, außer Südeuropa, ist die Arbeitnehmerüberlassung mehr oder weniger restriktiv geregelt. Deutschland und Frankreich kennen ein Erlaubnisverfahren, Großbritannien sieht eine besondere Aufsicht mit Untersagungsmöglichkeit vor, und in den Niederlanden und in Dänemark, aber auch in Schweden unterliegt die Zeitarbeit keinen oder nur geringfügigen Beschränkungen. Von daher ist es nicht ungewöhnlich, daß die Niederlande neben Großbritannien in den vergangenen Jahren die höchsten Anteile der Zeitarbeitnehmer an den abhängigen Beschäftigten hatten (siehe auch den Beitrag von Robert de la Haye).

Die bisherigen Handlungen der Europäischen Union

Die Europäische Union hat im Bereich der Zeitarbeit keine speziellen Rechtsakte in Kraft gesetzt. Zwar hatte die Europäische Kommission im Mai 1982 dem Rat einen Vorschlag für eine Richtlinie zur Regelung der Zeitarbeit vorgelegt, der nicht weiterverfolgt wurde. Ich erwarte in absehbarer Zeit auch keine weitere Initiative in dieser Richtung, sondern eine Lösung im Rahmen des sozialen Dialogs. Das Abkommen über die Sozialpolitik, das sich im Anhang zum Maastrichter Vertrag befindet, sieht vor, daß der Dialog zwischen den Sozialpartnern auf Gemeinschaftsebene, falls sie dies wünschen, zu vertraglichen Beziehungen, einschließlich des Abschlusses von Vereinbarungen, führen kann. Richtig angewendet, stellt dieses Instrument somit einen entscheidenden Beitrag zur Entbürokratisierung und zu einer subsidiären Regelung der Sozialvorschriften durch die betroffenen Wirtschaftskreise dar.

Die Entwicklungen der Informations- und Kommunikationstechnologien werden zudem dazu führen, daß grenzüberschreitende Zeitarbeit immer mehr zunimmt. Die Europäische Kommission hat daher ein Informationssystem zwischen den Arbeitsverwaltungen der Mitgliedstaaten eingerichtet, das vor allem dem Austausch von Informationen über die grenzüberschreitende Zeitarbeit dient. Nicht nur die großen internationalen Zeitarbeitunternehmen, die in vielen Mitgliedstaaten über Niederlassungen oder Tochterunternehmen verfügen, stellen grenzüberschreitend Zeitarbeit zur Verfügung, sondern auch mittelständische und kleinere Unternehmen nutzen die Möglichkeiten der Freiheit des Dienstleistungsverkehrs innerhalb der Europäischen Union. So gab es in Deutschland am Ende des Jahres 1996 190 mit Erlaubnis zugelassene Zeitarbeitunternehmen, die ihren Geschäftssitz in anderen Mitgliedstaaten der Union oder des europäischen Wirtschaftsraumes hatten. Darunter waren 96 Zeitarbeitunternehmen aus Frankreich, 40 aus Großbritannien und 22 aus Österreich. Diese Unternehmen konkretisieren damit das Recht der Arbeitnehmer auf Freizügigkeit, indem Mobilitätswünsche der Arbeitnehmer mit den Bedürfnissen der Unternehmen in Einklang gebracht werden. Die für Zeitarbeit in Europa bislang wichtigen Vorschriften befinden sich in der Arbeitnehmer-Entsenderichtlinie aus dem Jahre 1996, die insgesamt gesehen den länderüberschreitenden Dienstleistungsverkehr fördert. Sie klärt die für das Arbeitsverhältnis anwendbare Rechtsordnung und sichert einen fairen Wettbewerb zwischen den einzelnen grenzüberschreitenden Zeitarbeitunternehmen. Die Arbeitnehmer-Entsenderichtlinie kann auch dazu beitragen, Vorbehalte der Gewerkschaften gegen grenzüberschreitende Zeitarbeit weiter abzubauen.

Mit der Bereitschaft der neuen britischen Regierung, das Sozialprotokoll des Maastrichter Vertrages zu unterzeichnen, steigen die Chancen, europäische Sozialpolitik gemeinschaftsweit zu gestalten. Ein Kompromiß zwischen den europäischen Dachverbänden der privaten und öffentlichen Wirtschaft und dem Europäischen Gewerkschaftsbund über Mindestrechte für Teilzeitbeschäftigte zeigt konkrete Handlungsmöglichkeiten auf, deren Ergebnisse jedoch noch von den zuständigen Gremien der Gewerkschaften und der Arbeitgeberorganisationen gebilligt werden müssen. In einem nächsten Schritt ist denkbar, daß die Kommission vorschlagen wird, den Vereinbarungen entsprechend den Regeln des sozialen Dialogs eine rechtsverbindliche Form zu geben. Solche Lösungen können und müssen einhergehen mit einer weiteren Deregulierung der gesetzlichen Einschränkungen in der Zeitarbeit. Nur so kann es möglich sein, daß die Sozialpartner alle Chancen eröffnen, die in der Zeitarbeit liegen: Während in den Vereinigten Staaten von Amerika fast 1,9 Prozent der Arbeitnehmer in der Zeitarbeit tätig sind, liegt der Prozentsatz beispielsweise in Deutschland bei einem Drittel dieses Anteils (0,6 Prozent).

Zeitarbeit in Europa hat Zukunft

Zeitarbeit wird immer stärker nachgefragt werden, und sie wird sich langfristig auch in den Mitgliedsländern durchsetzen, die jetzt Zeitarbeit noch nicht zulassen. Dies ist eine Folge der Marktkräfte und der Bedürfnisse der handelnden Personen, aber auch ein Ergebnis der Nutzung moderner Informations- und Kommunikationstechnologien.

Es bleibt uns hierbei keine Alternative, als die Herausforderungen anzunehmen. Ein Verlangsamen des technischen Fortschritts bedeutet in offenen Wirtschaften immer einen Rückfall gegenüber dem bisherigen Stand, mit Verzicht auf Wohlstand und dem Wegfall von Arbeitsplätzen, die dem internationalen Druck nicht mehr standhalten können.

Die positive Entwicklung der Zeitarbeit kann dadurch beschleunigt werden, daß Zeitarbeitunternehmen ihre zentrale Rolle weiter deutlich machen und z. B. den sozialen Schutz der Arbeitnehmer sicherstellen. Bereits auf mittlere Sicht wird dies dazu führen, daß Zeitarbeit auf einem sicheren sozialen Boden auch grenzüberschreitend in Europa zunehmen wird.

Insbesondere wenn die Zeitarbeitunternehmen die von ihnen angebotene Qualifizierung der Arbeitnehmer stärker in das öffentliche Bewußtsein bringen, werden Ansehen und Bedeutung der Zeitarbeit weiter steigen. Berührungsängste können dann aufgegeben werden. Möglicherweise kommt es eher als erwartet zum Abschluß von tarifvertraglichen Regelungen.

In den kommenden Jahren, die an Wirtschaft und Gesellschaft erhebliche Anforderungen im Hinblick auf Flexibilisierung und Nutzung neuer Möglichkeiten stellen werden, wird die Zeitarbeit in der Europäischen Union einen nicht zu unterschätzenden Beitrag zu einem funktionierenden, modernen und flexiblen Arbeitsmarkt leisten. Dies ist von Vorteil für Unternehmen wie für Arbeitnehmer. Die Kommission der Europäischen Gemeinschaften wird als Hüterin der Römischen Verträge darüber wachen, daß die Freiheit des Personen- und Dienstleistungsverkehrs in Europa auch den Zeitarbeitunternehmen und ihren Arbeitnehmern zugute kommt.

Professor Dr. Dr. h. c. Martin Bangemann

Mitglied der Kommission der Europäischen Union, war nach dem Studium der Rechtswissenschaften und der Promotion von 1964 bis 1984 als Rechtsanwalt tätig. Mitglied der F.D.P. ist er seit 1963. Er übte eine Reihe wichtiger Parteiämter aus. F.D.P.-Bundesvorsitzender war er von 1985 bis 1988. 1972 wurde er in den Deutschen Bundestag gewählt, dem er bis 1980 und von 1986 bis 1989 angehörte. Von 1984 bis 1988 war er Bundesminister für Wirtschaft.
Mitglied des Europäischen Parlaments war Martin Bangemann von 1973 bis 1984. Von 1979 bis 1984 amtierte er als Präsident der Liberalen und Demokratischen Fraktion des Europäischen Parlaments. 1989 wurde er Vizepräsident der Europäischen Kommission. Seit Dezember 1993 ist er Mitglied der Europäischen Kommission – unter Beibehaltung der Zuständigkeit für Industriepolitik, Telekommunikation und Informationstechnologie.

Diethelm Bender

Geschäftsführer der Manpower Planen + Leisten GmbH, wechselte nach einer Lehre als Maschinenschlosser 1961 in die Petrochemie und war als Chemiefacharbeiter und Industriemeister/Chemotechniker tätig. Ab 1971 absolvierte er eine betriebswirtschaftliche Ausbildung. Abteilungsleiter, 1975 Mitglied der Geschäftsleitung, 1978 Geschäftsführer und seit 1989 Alleingeschäftsführer eines der bedeutendsten Personaldienstleistungsunternehmen in Deutschland. In den 30 Jahren seiner Tätigkeit als Manager haben eine viertel Million Menschen bei Manpower ein festes Arbeitsverhältnis begründet. Diethelm Bender ist Vorsitzender des Bundesverbandes Personalvermittlung.

Jon F. Chait

ist Executive Vice-President von Manpower, Inc., Milwaukee/USA, sowie Mitglied des Board of Directors der Krueger International, Inc., der Marshall & Isely Corporation und der M&I Data Services, Inc.

Jon F. Chait studierte Rechtswissenschaften, erwarb 1972 seinen B. A. sowie 1975 einen Hochschulabschluß an der University of California in Los Angeles (U.C.L.A.). Dort gab er auch Beiträge für die „Law Review“ heraus. Anschließend war er vier Jahre als Rechtsanwalt in einer Anwaltskanzlei tätig. 1982 wurde er Partner bei Godfrey & Kahn, S. C., Milwaukee, im US-Bundesstaat Wisconsin und Berater der Manpower, Inc. Dieses Unternehmen ernannte ihn 1989 zum Executive Vice-President, 1991 zum Mitglied des Board of Directors, 1991 zum Chief Financial Officer und 1995 zum Managing Director – International Operations.

John F. Chait ist Mitglied der Phi Bota Kappa Honor Society.

Dr. Reinhard Göhner
MdB, Parl. Staatssekretär a. D., Hauptgeschäftsführer der Bundesvereinigung der Deutschen Arbeitgeberverbände (BDA), ab 1981 als Fachanwalt für Arbeitsrecht tätig und gleichzeitig bis 1990 Hauptgeschäftsführer des Fachverbandes der Serienmöbelbetriebe. Von 1989 bis 1991 hatte er daneben einen Lehrauftrag an der Universität Bielefeld. Von Ende 1994 bis 1996 war er Hauptgeschäftsführer des Verbandes der Deutschen Polstermöbelindustrie, des Verbandes der Westfälischen Holzindustrie und Kunststoffverarbeitung sowie des Fachverbandes der Serienmöbelbetriebe.
Seit 1983 ist Dr. Göhner Mitglied des Deutschen Bundestages, 1986 bis 1990 Vorsitzender des Ausschusses für Umwelt, Naturschutz und Reaktorsicherheit. Er war von 1991 bis 1994 Parlamentarischer Staatssekretär, zunächst beim Bundesministerium der Justiz, dann beim Bundesminister für Wirtschaft. Von 1991 bis 1994 war er Vorsitzender der Grundsatzprogrammkommission der CDU, 1992 bis 1996 Mitglied des CDU-Bundesvorstandes.

Winfried Haastert
Diplom-Volkswirt, ist seit 1984 Mitglied des Vorstandes der Thyssen Industrie AG und seit 1997 zugleich der Thyssen Budd Automotive GmbH. In beiden Gremien nimmt er auch die Funktion des Arbeitsdirektors gemäß Mitbestimmungsgesetz 1976 wahr.

Nach dem Studium der Wirtschafts- und Sozialwissenschaften an der Universität zu Köln war er von 1966 bis 1971 Vorstandsassistent bei der Rheinischen Stahlwerke AG, die später von Thyssen übernommen wurde, und zwar zunächst im Personal- und Sozialwesen, dann im Finanz- und Rechnungswesen. Anschließend war er Geschäftsführer in der Zentralverwaltung der Metro-SB Großmärkte GmbH & Co. KG. 1973 wurde er Hauptabteilungsleiter Öffentlichkeitsarbeit der Thyssen Industrie AG, ab 1975 Mitglied der Geschäftsführung Thyssen Aufzüge GmbH und 1977 Mitglied des Geschäftsbereichsvorstandes Thyssen Industrie AG Henschel.
Seit 1986 ist Winfried Haastert Mitglied der Monopolkommission der Bundesregierung.

Robert de la Haye

Regierungsdirektor, ist als Jurist seit 1981 in verschiedenen Funktionen im Bundesministerium für Arbeit und Sozialordnung beschäftigt. Seit 1989 ist er zuständiger Referent für die Arbeitsbereiche „Arbeitnehmerüberlassung und Bekämpfung illegaler Beschäftigung".

Peter Rauen

MdB, Bundesvorsitzender der Mittelstands- und Wirtschaftsvereinigung der CDU/CSU (MIT), absolvierte

eine Maurerlehre und ein Studium des Bauingenieurwesens an der FH Trier. Seit Abschluß des Studiums ist er selbständiger Bauunternehmer und Geschäftsführer der Bau GmbH Peter Rauen sowie Komplementär der Peter Rauen KG. Mitglied des Vorstandes und der Handwerkskammer Trier.
Seit 1987 ist er Mitglied des Deutschen Bundestages. Dort hat er die Funktion des stellvertretenden Vorsitzenden des Finanzausschusses inne. Des weiteren ist er seit 1991 Bezirksvorsitzender der CDU Trier und seit 1994 Mitglied des Fraktionsvorstandes der CDU/CSU-Bundestagsfraktion.
Neben der Politik ist Peter Rauen im Bereich des Fußballs sehr engagiert. Er ist seit 1971 Präsident des Fußball-Sport-Vereins Salmrohr.

Dieter Schulte
DGB-Vorsitzender, ist Mitglied des Verwaltungsrates der Bundesanstalt für vereinigungsbedingte Sondervermögen, des Verwaltungsrates der Kreditanstalt für Wiederaufbau, des Beirates der Hermes Kreditversicherungs AG, stellvertretender Aufsichtsratsvorsitzender der Fried. Krupp AG Hoesch-Krupp und Mitglied des Aufsichtsrates der Bayer AG.
Nach Ausbildung und Tätigkeit als Maurer war Dieter Schulte von 1959 bis 1978 als Brenner, später als Qualitätsbeobachter bei Thyssen Stahl tätig. 1957 trat er der IG Bau-Steine-Erden bei; 1959 wechselte er zur

IG Metall. Ab 1970 nahm er verschiedene gewerkschaftliche Funktionen wahr. Seit 1975 war er Mitglied des Betriebsrats in verschiedenen Werken des Thyssen-Konzerns und wurde 1990 Gesamtbetriebsratsvorsitzender. 1991 wurde er geschäftsführendes Vorstandsmitglied der IG Metall und 1994 Vorsitzender des Deutschen Gewerkschaftsbundes.
Seit 1972 ist Dieter Schulte Mitglied der SPD.

Menno Smid
Diplom-Soziologe, Geschäftsführer von „infas“, kam nach Studium und Tätigkeit als wissenschaftlicher Mitarbeiter an der Freien Universität Berlin im Jahre 1981 zu „infas“. Er war zunächst mit Studien über methodische Innovationen der empirischen Wahlforschung befaßt und arbeitete an der Erstellung von Wahlprognosen und Hochrechnungen. Seit 1986 waren Methodenentwicklung, Organisations- sowie Evaluationsforschung seine Tätigkeitsschwerpunkte bei „infas“. Er leitete mehrere große Projekte im In- und Ausland.
Ab 1993 führte Menno Smid als Abteilungsleiter des Bereichs „infas Sozialforschung“ verschiedene Studien über die soziale Entwicklung in Deutschland durch. Ein weiterer wesentlicher Arbeitsschwerpunkt ist die Umsetzung von wissenschaftlicher Forschung in innovative Projekte für die Praxis.
Seit 1995 ist Menno Smid Geschäftsführer der „infas-Sozialforschung“ in Bonn-Bad Godesberg. Als Schwe-

stergesellschaft der Moritz Hunzinger Public Relations GmbH – verantwortlich für Öffentlichkeitsarbeit und Politikkommunikation sowie Business to business – vertritt sie den Bereich Meinungsforschung in der Hunzinger Information AG, Frankfurt am Main. Aktuelle Arbeitsgebiete sind u. a. Organisationsforschung, insbesondere Mitarbeiterbefragungen, Wahl- und Politikforschung sowie Projekte zur Kundenzufriedenheit.